Studenten Kochbuch TO GO:

Die 70 besten und schnellsten Rezepte für Studenten

2. Auflage

Copyright © 2019
Die Küchenakademie

ISBN: 9781693558245

Inhaltsverzeichnis

Vorwort

Wir kennen das alle. Gerade in unserer Studienzeit, wenn wir zu Hause ausziehen und anfangen uns von unseren Eltern abzunabeln, vermissen wir doch alle die gute leckere Küche bei Mutter, oder? Auf der einen Seite freut man sich, neue Menschen, eine neue Umgebung und die ersten „eigenen" vier Wände ohne Mama oder Papa, die einem auf den Geist gehen. Man tut sich vielleicht mit ein paar Studenten zu einer Wohngruppe oder in einem Studentenwohnheim zusammen und spielt abends bis spät in die Nacht Skat oder schaut DVD obwohl man eigentlich am nächsten morgen früh aufstehen und fit für die Uni sein muss. Manche bekommen vielleicht noch eine kleine Finanzspritze von Ihren Eltern, aber dieses Geld wird meistens in neue Schulbücher oder in Alkohol und Feten am Wochenende angelegt.

Sehr häufig kommt während der Studienzeit auch die Ernährung zu kurz. Schnell ein paar Pizzen in den Ofen schieben und schon hat man genug fürs Mittagessen. Oder schnell bei McDonalds oder Burger King rein springen um sich in der Mittagspause eine kleine Stärkung zu holen. Doch gerade, weil Sie sich während der Studienzeit viel konzentrieren müssen, ist es wichtig sich ausgewogen und gesund zu ernähren, damit der Körper und das Gehirn genug Nährstoffe haben um sich auf die Lerneinheiten konzentrieren zu können. Und seien wir mal ehrlich, immer nur Fastfood und Pizza jeden Tag hat man auch in der Studienzeit irgendwann satt, nicht wahr? Zudem eine solche Ernährung dauerhaft sogar Ihre Gesundheit schädigen kann.

Ein weiterer Vorteil ist der, dass Sie beim gemeinsamen Kochen Ihren Geldbeutel schonen können und sich gemeinsam durch ausprobieren neue Horizonte schaffen. Vielleicht macht Ihnen das gemeinsame Kochen sogar so viel Spaß, dass Sie anfangen regelmäßig gemeinsam mit Freunden zu kochen, denn seien wir mal ehrlich, gemeinsames Kochen macht doch viel mehr Spaß. Und wenn Sie ehrlich sind, werden Sie feststellen, dass selbst gekochte Gerichte doch wesentlich besser schmecken, als Pommes und Currywurst aus der Imbissbude. Meistens und das kann ich aus eigener Erfahrung sagen, ist das Kochen oder vorbereiten eines Gerichtes, gerade wenn man es mit jemanden zusammen kocht noch wesentlich schöner als das Verzehren.

Auf den folgenden Seiten haben wir Ihnen deshalb einige preisgünstige und gesunde Alternativen zu den üblichen Standardgerichten zusammengestellt, denn wir alle wissen doch, wie wichtig eine gesunde und ausgewogene Ernährung ist. Was nicht bedeutet, dass es in diesem Kochbuch keine Standardgerichte geben wird. Selbstverständlich werden Sie hier auch einige wahrscheinlich Ihnen sehr bekannte Gerichte finden. Die Sie aber vielleicht bisher noch nie selbst gemacht haben. Und wer weiß vielleicht entdecken Sie während Ihrer Studienzeit ja das Kochen für sich oder gemeinsam mit ein paar Freunden. Gemeinsames Kochen macht sehr großen Spaß und man kann sich wie beim Lernen für den Unterrichtsstoff gut dabei unterstützen. Eventuell entdecken Sie so ja ein neues Hobby für sich. Dieses Kochbuch umfasst 70 Rezepte vom Frühstück, bis hin zum Abendessen oder dem Nachtisch. In diesem Kochbuch ist für jeden Geschmack etwas dabei. Egal ob Sie gerne vegetarisch, vegan oder lieber Fleisch essen.
Durch praktische und leicht erklärende Anleitungen der Rezepte wird es selbst dem ungeübtesten Kochanfänger nahezu unmöglich sein etwas falsch zu machen. Von Tortellini bis hin zu Hamburger oder Thunfischsalat, werden Sie auf den folgenden Seiten wirklich alles finden, was das Herz begehrt. Lassen Sie sich in die Welt der leichten und preisgünstigen Spezialitäten entführen, denn gutes und gesundes Essen muss nicht immer teuer und aufwendig sein. Auch schnelle und günstige Rezepte für die obligatorische Studentenparty sind auf den folgenden Seiten enthalten. Denn seien wir mal ehrlich auch mit wenig Geld will man mal ein wenig Spaß am Leben haben oder? Sie finden in dieser Sammlung auch Rezepte für den kleinen Hunger zwischendurch. Denn niemand kann ohne Pause und mit leerem Magen lernen. Egal ob Sie gemeinsam oder alleine kochen, ich bin mir sicher, Sie werden bei der Vielzahl an Rezepten auch für sich das passende finden. Sollte doch mal etwas schief gehen, denken Sie daran, es ist noch kein Meister vom Himmel gefallen.

Probieren geht über studieren

Zu den folgenden Rezepten noch ein wenig, dieses Kochbuch ist kein Gesetz, sondern es handelt sich dabei lediglich Vorschläge wie Sie als Student ein wenig Abwechslung in Ihre Küche bringen können. Natürlich können Sie die Zutaten und Mengenangaben variieren, so wie es Ihnen am besten schmeckt.
Außerdem lassen sich die Mengenangaben natürlich nach Belieben auf die von ihnen gewünschte Personenzahl anpassen.

Was wir noch empfehlen:
Probieren Sie mal einige Gerichte als „Meal Prep" für die Pausen zwischen den Vorlesungen vorzubereiten. Viele unserer Gerichte halten sich gut über mehrere Stunden und können auch am nächsten Tag noch ohne Bedenken verzehrt werden.

Hinweise zum Buch

1. Alle Mengen und Nährstoffangaben, welche auf den folgenden Seiten abgebildet sind, sind jeweils für vier Personen gedacht. Falls nicht, steht die Personenanzahl daneben.

Wichtige Abkürzungen

In diesem Rezeptbuch wird häufig mit geläufigen Abkürzungen aus dem Gastronomie und Gaststättengewerbe gearbeitet. Deshalb möchte ich Ihnen diese, da viele dieser Begriffe auch in diesem Buch vorkommen, kurz erläutern.

1 TL - ein Teelöffel
1 EL - ein Esslöffel
Kcl - Kilokalorien
KJ - Kilojoule
Ml - Milliliter
L - Liter
Cl - Zentiliter
MSP - Messerspitze
Pr. - Prise (Prise ist eine Menge an Gewürzen, die zwischen Daumen und Zeigefinger passt)
Pckg. - Packung.

Was sollte in einer Studentenküche mindestens vorhanden sein?

In einer klassischen Studentenwohnung, sollte trotz des chronischen Geldmangels eine kleine Küchengrundausstattung zum Kochen vorhanden sein. Dazu gehören.

- 1 großer Durchschlag auch Sieb genannt
- 1 großer Kochtopf zum Nudeln kochen oder Fleisch anbraten
- 1 kleiner Kochtopf für Kartoffeln, Soßen und Reis.
- 1 scharfes Messer zum Kartoffel schälen
- 1 große Schüssel für Salate oder selbstgemachten Pudding
- 1 Dosenöffner

- 1 scharfes Messer
- 1 Korkenzieher
- 1 Flaschenöffner
- 1 Schneebesen, zum8 ein und umrühren.
- 1 Kochlöffel aus Holz oder Kunststoff

Wir wünschen Ihnen und Ihren Mitstudenten viel Spaß beim Entdecken und ausprobieren neuer und alter kulinarischer Gaumenfreuden und hoffen, dass Ihnen die zusammengestellten Rezepte gefallen werden.

Frohes Kochen und guten Appetit!

Frühstücksrezepte

Frühstücksmuffins

Arbeitszeit: 55 Min.
Schwierigkeit: einfach
Kalorien: 387 pro 100 Gramm

Zutaten:
1 Apfel
1 große gelbe Rübe
114 gr Mehl
67 gr Zucker
1 ½ TL Natron
1 TL Zimt
2 Eier
34 ml Sonnenblumenöl
50 ml Milch
1 Päckchen Vanillezucker
1 EL Kokosflocken
27 gr Rosinen
14 gr gehobelte Mandeln

So wird's gemacht:
Die Rübe raspeln und den Apfel schälen und beides in kleine Stücke schneiden. Mehl, Zucker, Natron, Zimt und Salz in eine Schüssel geben und gut miteinander vermischen. Eier, Milch, Öl und Vanillezucker in eine separate Schüssel füllen und umrühren.
Den Backofen auf 180° vorheizen. Das Ei, Mich, Öl und Vanillezuckergemisch nun mit dem Mehl, Zucker, Natron, Zimt und Salz Gemisch vermengen und unterheben.

Apfelstücke, Rübenraspeln, Kokosflocken, Rosinen und Mandeln ebenfalls unterheben.
Die Muffinförmchen jetzt zu 2/3 mit Teig befüllen und auf ein Backblech stellen.
Schieben Sie das Blech nun für 25 Min. bei 180° in den Backofen.
Fertig!

Brombeermarmelade mit Vanille

Arbeitszeit: 150 Min.
Schwierigkeit: einfach
Kalorien: 225

Zutaten:
500 gr frische Brombeeren
1 Stck Vanilleschote
500 gr Gelierzucker 1 zu 1

So wird's gemacht:

Brombeeren in einen Topf füllen. Die Vanilleschote der Länge nach aufschneiden das Mark entfernen.
Die Vanilleschote gemeinsam mit Gelierzucker in den Topf mit den Brombeeren geben und gut umrühren.

Alles auf niedriger Stufe ungefähr 2 Stunden ziehen lassen.

Nach zwei Stunden alles einmal vier Min. aufkochen und die Schoten herausnehmen. Geben Sie die Schoten in Schraubgläser und verschließen Sie die Gläser anschließend.

Stellen Sie die Schraubgläser auf den Kopf und lassen Sie sie auskühlen.

Bärlauch – Dip

Arbeitszeit: 10 Min.
Schwierigkeit: leicht
Kalorien: 664 kcl

Zutaten:
167 gr Butter
1 Bund Bärlauch
1 TL Salz

So wird´s gemacht:
Nehmen Sie die Butter aus dem Kühlschrank, damit Sie schön weich wird. Die Butter sollte Zimmertemperatur haben.

Waschen Sie den Bärlauch unter fließendem Wasser gründlich ab und schneiden Sie ihn mit einem scharfen Messer klein.

Geben Sie den Bärlauch mit der Butter zusammen in eine Schüssel und vermengen Sie alles miteinander.

Mit Salz abschmecken und mit einem Pürierstab pürieren.

Feuriger Tomatensalat

Arbeitszeit: 10 Min.
Schwierigkeit: leicht
Kalorien: 1728 kcal

Zutaten:
4 Tomaten
4 Zwiebeln
4 Peperoni
Pfeffer, Salz
4 Prisen Zucker
12 EL Olivenöl
12 EL Basilikumessig

So wird´s gemacht

Schneiden Sie die Tomaten in dünne Scheiben oder Spalten.

Pellen Sie die Zwiebel und hacken Sie sie in kleine Würfel.

Den Basilikum in grobe Stücke hacken.

Die Peperoni in sehr feine Stücke hacken und die Kerne entfernen.

Geben Sie alles in eine Schüssel und vermengen Sie es mit Essig, ÖL.

Gut umrühren und mit Salz, Pfeffer und Zucker abschmecken.

Brombeermarmelade mit Schwarzbier und Schokolade

Arbeitszeit: 30 Min.
Schwierigkeit: leicht
Kalorien: 577 kcal

Zutaten:
680 gr frische Brombeeren
150 ml Schwarzbier
250 Gelierzucker 3 zu 1
50 gr Zartbitterschokolade

So wird´s gemacht:
Waschen Sie die Brombeeren und schütten Sie sie in ein Sieb. Passieren die Brombeeren und fangen Sie ungefähr 500 ml Brombeersaft auf.

Mischen Sie den Brombeersaft mit 100 ml Schwarzbier und 200 Gramm Gelierzucker und kochen Sie das Bier Brombeergemisch in einem Topf kurz auf.

Entfernen Sie den Schaum und lasse Sie alles weitere 10 Min. kochen.

Geben Sie nach 10 Min. den Rest Bier und Gelierzucker hinzu.

Geben Sie noch 50 Gramm Schokolade hinein und kochen Sie alles weitere 5 Min. kurz auf.

Füllen Sie die Marmelade anschließend in Schraubgläser und lassen Sie sie abkühlen.

Vegetarischer Brotaufstrich

Arbeitszeit: 15 Min.
Schwierigkeitsgrad: einfach
Kalorien: 350 kcal

Zutaten:
2 Eier
20 gr Butter
1 EL Mayonnaise
3 Essiggurken
1 Knoblauchzehe
1 Zwiebel
1 Prise Salz
1 Prise Pfeffer
1 TL Senf

So wird´s gemacht:
Eier kochen bis sie hart gekocht sind. Anschließend die Eier pellen und in kleine Stücke schneiden.

Den Knoblauch pellen und ebenfalls kleinhacken. Essiggurken in feine Würfel schneiden und alle Zutaten anschließend in eine große Schüssel geben.

Butter, Senf und Mayonnaise in einer separaten Schüssel geben und gut umrühren.

Anschließend geben Sie den Butter, Senf Mayonnaise Dressing über die Eier und rühren alles noch einmal kräftig um.

Mit Salz und Pfeffer abschmecken.

Thunfischaufstrich

Arbeitszeit: 15 Min.
Schwierigkeitsgrad: einfach
Kalorien: 550 kcal

Zutaten:
1 Dose Thunfisch
½ Zwiebel
1 Bund Schnittlauch
2 Eier
1 Prise Salz
1 Prise Pfeffer
1 Spritzer Zitronensaft
2 EL Salatmayonnaise
1 Prise Zucker
1 Schuss Essig

So wird´s gemacht:
Den Thunfisch in ein Sieb geben und abtropfen lassen. Zwiebel pellen, in feine Würfel hacken und zum Thunfisch hinzufügen.

Schnittlauch fein hacken und ebenfalls hinzugeben.

Die Eier im Wasserbad mindestens 10 Min. kochen.

Die Eier anschließend in ein Sieb geben und mit kalten Wasser abschrecken.

Anschließend die Eier pellen, in Würfel schneiden und zu dem Thunfisch geben.

Alles mit Pfeffer, Salz, Zucker, Essig und Zitrone abschmecken und gut umrühren.

Schinkenaufstrich

Arbeitszeit: 10 Min.
Schwierigkeitsgrad: einfach
Kalorien: 308 kcal

Zutaten:
1 Prise Salz
1 Prise Pfeffer
½ Becher Sauerrahm
100 gr Schinken
1 Bund Schnittlauch
½ Becher magerer Topfen

So wird´s gemacht:
Den Topfen zusammen mit dem Sauerrahm in eine Schüssel geben und verrühren.
Schneiden Sie den Schinken in kleine Würfel und geben Sie sie hinzu. Waschen Sie den Schnittlauch unter fließendem Wasser ab und schneiden Sie ihn in kleine Röllchen. Vermengen Sie alle Zutaten miteinander und schmecken Sie alles mit Salz und Pfeffer ab.

Pesto Blume

Arbeitszeit: 85 Min.
Schwierigkeitsgrad: einfach
Kalorien: 255 kcal

Zutaten:
150 gr Mehl
¼ Würfel Hefe
¼ Prise Zucker
½ TL Salz
15 ml Olivenöl
300 gr grüner Pesto

So wird´s gemacht:
Geben Sie Mehl in eine Schüssel und vermengen Sie es mit 300 Milliliter Wasser.
Die Hefe zerbröseln und zusammen mit etwas Zucker ins Wasser geben. Alles gut umrühren und Mehl einrühren.
Salz und Olivenöl in den Teig geben und alles gut durchkneten.
Decken Sie den Teig mit einem Geschirrtuch ab und lassen Sie ihn 30 Min. gehen.
Teilen Sie den Teig in 3 Teile auf und rollen Sie jedes Teigstück auf knapp 26 bis 28 Zentimeter Länge aus.
Achten Sie beim Ausrollen darauf, dass jedes Teigstück ungefähr gleich groß ist.
Legen Sie eine Teigkreis auf die Mitte des Backbleches und verteilen Sie ein wenig Pesto gleichmäßig auf den Teig.
Wiederholen Sie den Vorgang mit den restlichen Teigkreisen.
Stellen Sie jetzt ein Glas mittig in den Teigkreis und schneiden Sie jetzt 16 gleichgroße Tortenstücke aus dem Teig.
Den Teig achteln dabei jedoch darauf achten, dass in der Mitte in Kreis stehen bleibt, sodass alle Stücke noch mit der Mitte verbunden sind.
Zwei Endstücke in die Hand nehmen und zweimal nach außen drehen. So mit allen Endstücken des Teiges verfahren.
Anschließend den Teig für 25 Min. bei 200° bei Ober und Unterhitze in den Backofen schieben.

Knoblauchbrot

Arbeitszeit: 20 Min.
Schwierigkeitsgrad: normal
Kalorien: 308 kcal

Zutaten:
1 Baguette
240 gr Artischocken in Öl eingelegt
100 gr getrocknete Tomaten
200 gr Frischkäse
150 gr geriebener Mozzarella
3 Frühlingszwiebeln
Pfeffer und Salz
3 EL Butter
3 Knoblauchzehen, 4 Stängel Basilikum

So wird´s gemacht:
Heizen Sie den Backofen auf 180° vor.
Artischocken, Tomaten, Frühlingszwiebeln kleinschneiden und mit Mozzarella in einer Schüssel verrühren.
Mit Salz und Pfeffer abschmecken.
Knoblauch schälen und kleinhacken.
Butter in einem Topf zum Schmelzen bringen und den Knoblauch hinzufügen. Basilikum waschen und kleinschneiden und ebenfalls in die geschmolzene Butter geben.
Das Baguette in vier gleichgroße Teile schneiden und die Brotkrumme mit einem Messer entfernen.
Die Füllung aus dem Baguette ebenfalls herausnehmen und anschließend das Baguette mit Frischkäse auffüllen.
Die Baguette Stücke jeweils in 4 Scheiben schneiden und wieder aneinandersetzen.
Ein Backblech mit Alufolie auslegen und das Baguette auf die Alufolie legen. Das Baguette jetzt noch mit Butter beträufeln und anschließend mit Alufolie umwickeln.
Alles nun bei 180° für 20 Min. backen.
Nach 20 Min. Ofen ausstellen und das Baguette herausnehmen und 10 Min. abkühlen lassen.

Pfannkuchen

Arbeitszeit: 40 Min.
Schwierigkeitsgrad: leicht
Kalorien: 833 kcal

Zutaten:
500 ml Milch
4 Eier
300 gr Mehl
2 EL Öl
1 gestrichener Teelöffel Salz
2 EL Zucker

So wird's gemacht:
Milch mit Mehl verrühren und Eier hinzugeben. Etwas Salz, Zucker und 1 EL Öl hinzufügen. Alles zu einem glatten Teig verrühren und darauf achten, dass der Teig keine Klumpen hat.

Fett in einer Pfanne auslassen und erhitzen. Den Teig anschließend gleichmäßig in der Pfanne verteilen und goldbraun anbraten.

Anschließend den Pfannkuchen wenden, sobald auch der Teig auch von der anderen Seite goldbraun angebraten ist auf einen Teller anrichten und servieren.

Nach Belieben mit Äpfeln, Puderzucker oder gebratenem Speck belegen.

Hauptgerichte

Pasta mit Kokos Möhren Soße

Arbeitszeit: 40 Min.
Schwierigkeitsgrad: leicht
Kalorien: 833 kcal

Zutaten:
400 g Möhren
2 Stk. Zwiebel
100 g Erdnusskerne geröstet und gesalzen
400 ml Kokosmilch, ungesüßt
1 Stk. Bio-Limette
20 g Ingwer
Öl, Salz, Pfeffer, etwas gemahlenes Chilipulver
10 Stiele Kerbel
400 g Spaghetti

So wird´s gemacht:
Möhren schälen und in 1 Zentimeter dicke Scheiben schneiden. Zwiebeln schälen und würfeln. Den Ingwer schälen und fein hacken. Erdnüssen ebenfalls grob hacken.
Öl in einer Pfanne erhitzen und die Zwiebeln bei mittlerer Hitze darin andünsten. Möhren, Ingwer und die Hälfte der Erdnüsse hinzufügen. Gut umrühren und mit Kokosmilch auffüllen. Lassen Sie jetzt alles zugedeckt für 15 Min. bei mittlerer Hitze kochen.
In der Zwischenzeit Nudeln nach Verpackungsanleitung zubereiten. Die Limette waschen und trocken tupfen. 1 EL Schale von der Limette abreiben. Die Limetten mit einem Messer in zwei Hälften schneiden und den Limettensaft auspressen. Den Kerbel klein hacken.
Möhren pürieren und mit Salz, Pfeffer, Chili und Limettensaft und Limettenschale abschmecken.
Nudeln in ein Sieb abgießen (nicht abschrecken) und auf einen Teller geben. Soße über die Nudeln gießen und mit Kerbel und den restlichen Erdnüssen garnieren.

Überbackene Pfifferlinge

Arbeitszeit: 35 Min.
Schwierigkeitsgrad: leicht
Kalorien: 96 kcal

Zutaten:
500 g Pilze z.B. Pfifferlinge, Steinpilze oder Champignons
50 g Öl
Salz, Pfeffer, Zucker
500 g Tomaten
Zwiebelsalz
4 Esslöffel gewiegte Kräuter
4 Zwiebeln
50 g Margarine oder Butter

So wird's gemacht:
Pilze putzen und in dünne Scheiben schneiden. Etwas Öl in einer Pfanne erhitzen und die Pilze darin andünsten. Die Pilze mit Salz, Pfeffer und Zucker würzen und 5 Min. anbraten.

In der Zwischenzeit Tomaten in Scheiben schneiden und mit Zwiebelsalz, Pfeffer und Kräutern würzen.

Ein Auflaufform einfetten und anschließend die Pilze und Tomaten abwechselnd in die Auflaufform geben (schichten).

Zwiebeln pellen und in dünne Scheiben schneiden und in einer Pfanne mit etwas Margarine anbraten.

Die gerösteten Zwiebeln anschließend über die Pilze und Tomaten geben.

Zum Schluss noch einige Butterglöckchen auf den Auflauf geben und alles bei 180° für 20 Min. in den Backofen.

Ofen-Tomatensuppe mit Hähnchen-Spießen

Arbeitszeit: 50 Min.
Schwierigkeit: leicht
Kalorien:380 kcal

Zutaten:

1, 5 kg Kirschtomaten
3 Knoblauchzehen
2 EL Zucker, 4 EL ÖL
1 Gemüsezwiebel
600 ml Gemüsebrühe
Salz, Pfeffer
200 gr körniger Frischkäse
4 TL grünes Pesto
320 gr Hähnchenbrustfilet
½ Bund Basilikum

So wird´s gemacht:

Waschen Sie die Tomaten unter fließendem Wasser ab und verteilen Sie sie auf ein Backblech. Schälen Sie den Knoblauch und hacken Sie ihn mit einem Messer klein. Geben Sie Zucker und 2 EL Öl über die Tomaten und schieben Sie alles für 20 Min. bei 200°C in den Ofen.

In der Zwischenzeit schälen Sie ein Zwiebel und schneiden sie in Würfel. Geben Sie einen Schuss Öl in einen Topf und dünsten Sie die Zwiebeln kurz an, bis sie glasig werden. Nehmen Sie nach 20 Min. die Tomaten aus dem Ofen und geben Sie die Tomaten zu den Zwiebeln. Gießen ein wenig Brühe über Tomaten und lassen Sie alles 10 Min. köcheln. Die Tomaten jetzt mit einem Pürierstab pürieren. Die Suppe mit Salz und Pfeffer abschmecken.

Vermengen Sie Frischkäse und Pesto miteinander und waschen Sie die Hähnchenbrust unter fließendem Wasser ab. Schneiden Sie das Fleisch in Würfel und stecken Sie es auf die Holzspieße.

Braten Sie die Hähnchen in einer Pfanne mit heißem Öl kross an und würzen Sie das Fleisch mit Salz und Pfeffer.

Nehmen Sie die Suppe aus dem Ofen und geben Sie sie auf einen Teller legen Sie den Fleischspieße hinein. Garnieren Sie die Suppe mit ein wenig Frischkäse und Basilikum.

Hackbällchen auf Rote-Bete-Gemüse

Arbeitszeit: 30 Min.
Schwierigkeit: leicht
Kalorien: 670 kcal

Zutaten:
80 g Walnusskerne, ganz
4 EL Olivenöl
Meersalz, Pfeffer
8 Zweige Rosmarin
3 Zweige Thymian
800 g Hackfleisch, gemischt
2 Eier
4 TL Currypulver
4 TL Paprikapulver
4 EL neutrales Öl
6 Zweig(e) Thymian
1000 g Rote Bete, vorgegart
2 Knoblauchzehe
4 Schalotten
50 g Butter
2 TL Kümmel
2 EL Rotweinessig

So wird´s gemacht:
Hacken Sie die Walnusskerne mit einem scharfen Messer klein und rühren Sie sie in eine Schüssel mit einem Schuss Olivenöl ein. Geben Sie etwas Salz und Pfeffer hinzu. Den Rosmarin von den Stielen zupfen und grob hacken.

Geben Sie zu dem Gehacktem Ei, Curry, Paprika und Rosmarin hinzu. Anschließend das Hackfleisch noch mit Salz und Pfeffer würzen. Formen Sie aus dem Hackfleisch kleine Hackbällchen und geben Sie die Hackbällchen anschließend in einer extra Pfanne mit heißem Öl. Braten Sie die Hackbällchen zusammen mit dem Thymian darin scharf an. Stellen Sie die Temperatur anschließend herunter und lassen Sie die Hackbällchen auf mittlere Stufe langsam garen.

Schneiden Sie die rote Beete in Spalten, anschließend schälen Sie den Knoblauch und die Schalotten und schneiden Sie in Würfel.

Lassen Sie etwas Butter in einem Topf aus und schwitzen Sie das Gemüse bei mittlerer Hitze 5 Min. lang kurz an.

Schmecken Sie alles nach 5 Min. mit Meersalz, Pfeffer und Rosmarin ab.

Geben Sie die Rote Bete auf einen Teller und geben Sie Hackbällchen dazu, die sie mit Walnusspesto beträufeln.

Röstitaler mit Tomate-Mozzarella überbacken

Arbeitszeit: 45 Min.
Schwierigkeit: leicht
Kalorien:778 kcal pro 100 gr

Zutaten:
1 Kg Kartoffeln
2 Frühlingszwiebeln
6 Tomaten
333 gr Mozzarella
3 TL italienische Kräuter
Salz, Pfeffer
Basilikum
Butter

So wird´s gemacht:
Kartoffeln schälen und grob reiben. Drücken Sie dabei die überschüssige Flüssigkeit anschließend mit den Händen aus.

Frühlingszwiebeln klein hacken und zusammen mit den Kräutern unter die Kartoffeln geben. Alles mit Salz und Pfeffer abschmecken.

Erhitzen Sie Öl in einer Pfanne und formen Sie der Kartoffelmasse Taler, die Sie ins heiße Fett legen. Braten Sie die Masse bei mittlerer Hitze von jeder Seite 7 bis 10 Min. goldbraun an. Zwischendurch wenden.

Legen Sie in Backblech mit Backpapier aus und schneiden Sie die Tomaten und den Mozzarella in dünne Scheiben. Nehmen Sie die Röstis aus der Pfanne und legen Sie sie auf das Backblech. Belegen Sie die Röstitaler mit Tomate und Mozzarella und geben Sie alles für ca. 5 Min. in den Backofen. Die Röstis sind fertig, wenn der Käse zerlaufen ist.

Bratkartoffeln

Arbeitszeit: 30 Min.
Schwierigkeit: leicht
Kalorien:778 kcal pro 100 gr

Zutaten:
1 Kg Kartoffeln
2 EL Butterschmalz
8 Zweige Petersilie
Salz, Pfeffer

So wird´s gemacht:
Sie sollten die Kartoffeln bereits einen Tag vorher schälen und 20 Min. in Salzwasser kochen. Anschließend das Wasser über ein Sieb abschütten. Lassen Sie die Kartoffeln jetzt zugedeckt über Nacht im Kühlschrank stehen.

Schneiden Sie die Kartoffeln in 0, 5 Zentimeter dicke Scheiben und erhitzen Sie etwas Butterschmalz in einer Pfanne.

Wenn das Fett gut heiß ist, legen Sie die Kartoffelscheiben nebeneinander in die Pfanne braten sie von beiden Seiten bei mittlerer Temperatur für 5 bis 6 Min. goldbraun an. Zwischendurch wenden.

Waschen Sie die Petersilie und trennen Sie die Blätter von den Stielen. Hacken Sie sie mit einem Messer klein.

Die Bratkartoffeln jetzt noch mit Salz und Pfeffer würzen und mit Petersilie bestreuen.

Mac & Cheese-Auflauf

Arbeitszeit: 25 Min.
Schwierigkeit: leicht
Kalorien: 460 kcal

Zutaten:
340 gr Makkaroni
360 ml Sahne
440 gr geriebener Cheddarkäse
Salz

So wird´s gemacht:
Geben Sie die Makkaroni in einen großen Topf mit so viel Wasser, dass die Nudeln gerade eben bedeckt sind. Geben Sie Salz hinzu und lassen Sie die Nudeln unter ständigen Rühren 6 Min. köcheln.

Gießen Sie jetzt die Sahne hinzu und bringen Sie die Sahne zum Kochen.

Wenn die Sahne am Kochen ist, geben Sie 2/3 des Cheddarkäse hinzu und rühren alles ungefähr 2 Min. lang gut um, bis der Käse geschmolzen ist und eine cremige Sauce entsteht.

Schmecken Sie die Sauce mit Salz ab und geben Sie die Makkaroni in eine Auflaufform. Bestreuen Sie die Nudeln mit dem restlichen Cheddarkäse und schieben Sie sie anschließend für 10 Min. bei 200 ° Umluft in den Backofen.

Zucchinipuffer

Arbeitszeit: 25 Min.
Schwierigkeit: leicht
Kalorien: 460 kcal

Zutaten:
120 gr Mehl
Pfeffer, Salz
6 EL Milch
2 Eier Größe M
2 bis 3 Zucchini ca. 600 gr
4 EL Öl

So wird´s gemacht:

Geben Sie Mehl in eine Schüssel würzen Sie das Mehl mit Pfeffer und einem Teelöffel Salz. Mischen Sie Milch, Eier und Sahne in einer separaten Schüssel miteinander und rühren Sie es mit einem Schneebesen oder Mixer gut um.

Gießen Sie das Milch, Eier, Sahne Gemisch unter rühren nun langsam zum Mehl dazu und verrühren Sie alles zu einem glatten Teig. Lassen Sie den Teig 10 Min. quellen.

Waschen Sie die Zucchini unter fließendem Wasser gründlich ab und raspeln Sie sie in kleine Streifen.

Geben Sie die geraspelten Zucchini in ein Küchentuch und drücken Sie die Flüssigkeit gut aus.

Vermengen Sie die Zucchiniraspeln mit dem Teig und geben Sie etwas Öl in eine Pfanne. Erhitzen Sie das Öl und geben Sie anschließend für jeden Zucchinipuffer einen Esslöffel Teig in das heiße Fett. Braten Sie den Teig von jeder Seite etwa 3 bis 4 Min. an, bis er goldbraun ist und dann wenden Sie ihn.

Schnelle Hackfleischpizza

Arbeitszeit: 45 Min.

Schwierigkeitsgrad: einfach

Kalorien:450 kcal

Zutaten:

1 Pckg. a. 400gr Pizzateig

1 Knoblauchzehe

1 rote Paprikaschote

1 Zwiebel

¼ Stange Porree

1 EL Sonnenblumenöl

200 gr Rinderhackfleisch

1 TL Tomatenmark

½ Dose stückige Tomaten

Salz

Pfeffer

50 gr Fetakäse

2 Stiele Petersilie

40 gr Blattspinat

Mehl

So wird´s gemacht:

Den Pizzateig auf einem großen mit Mehl bestäubten Brett oder der Arbeitsfläche ausrollen. Schälen Sie den Knoblauch und hacken Sie ihn klein. Waschen Sie die Paprika und schneiden Sie das Gemüse in dünne Streifen. Schälen Sie anschließend eine Zwiebel und schneiden Sie die Zwiebel in Ringe.

Erhitzen Sie ein wenig Öl in einer Pfanne und braten Sie das Hackfleisch darin krümelig an. Dabei gelegentlich umrühren. Geben Sie Knoblauch, stückige Tomaten und Tomatenmark über das Hack und lassen Sie alles bei schwacher Hitze 5 Min. weiter schmoren. Anschließend das Hackfleisch mit Salz und Pfeffer abschmecken. Nehmen Sie das Hackfleisch aus der Pfanne und lassen Sie es abkühlen.

Vierteln Sie den Teig und kneten Sie die Teigviertel nacheinander zu einer Kugel zusammen. Rollen Sie den Teig anschließend auf einer Größe von ca. 15cn x 25 cm aus. Schlagen Sie die Teigränder ungefähr 1 bis 2 Zentimeter ein und drücken Sie sie fest.

Zerbröseln Sie den Fetakäse verteilen Sie ihn gleichmäßig auf den Teig. Streuen Sie die Hackfleischmasse über den Fetakäse. Belegen Sie die Pizza anschließend mit Paprika und Zwiebeln.

Schieben Sie die Pizza jetzt bei 200° Umluft für 12 bis 14 Min. in den Backofen. Nehmen Sie die Pizza nach 7 Min. Min. aus dem Ofen und belegen Sie sie mit Porree und Fetakäse. Schieben Sie die Pizza dann wieder in den Ofen und lassen Sie sie dann zu Ende backen, bis der Rand schon kross ist.
Waschen Sie die Petersilie schütteln Sie sie trocken und zupfen Sie die Blätter von den Stielen. Den Spinat waschen und trocken schlagen. Verteilen Sie jetzt den Spinat und die Petersilie gleichmäßig auf der Pizza.

Grundrezept für Hackfleisch

Arbeitszeit: 30 Min.

Schwierigkeitsgrad: einfach

Kalorien: 234 kcal pro 100 gr

Zutaten:

500 gr Hackfleisch

1 Brötchen vom Vortag

1 mittelgroße Zwiebel

1 Knoblauchzehe

1 Ei Größe M

1 Bund Petersilie, 1 EL Butter

½ TL Pfeffer, 1 Prise Muskat

1 Prise gerebelter Majoran

So wird's gemacht:

Weichen Sie das Brötchen vom Vortag in lauwarmen Wasser ein. Zwiebeln und Knoblauch schälen. Schneiden Sie die Zwiebel in kleine Würfel, den Knoblauch pressen Sie am besten mit einer Knoblauchpresse klein. Geben Sie das Hackfleisch in eine große Schüssel und geben Sie anschließend Ei, Zwiebeln, Knoblauch und die Petersilie hinzu. Nehmen Sie das aufgeweichte Brötchen aus dem Wasserband und geben Sie es ebenfalls in die Hackfleischmasse. Kneten Sie alles mit den Händen gut durch. Würzen Sie das Hackfleisch anschließend mit Salz, Pfeffer Muskat und Majoran. Formen Sie aus der Hackfleischmasse mit den Händen kleine Hackbällchen und erhitzen Sie etwas Fett oder in er Pfanne. Wenn das Fett heiß ist, geben Sie die Hackbällchen hinein und braten sie von beiden Seiten für 5 Min. durchbraten. Zwischendurch wenden. Alternativ können Sie die Hackbällchen auch im Backofen auf einem Backblech garen. Stellen Sie den Backofen auf ca. 200 Umluft ein und schieben Sie sie für 20 Min. in den Ofen.

Leber mit Äpfeln und Zwiebeln

Arbeitszeit: 15 Min.
Schwierigkeitsgrad: einfach
Kalorien: 433 kcal

Zutaten:

500 g Leber (Rind, Schwein oder Kalb)
10 Scheibe/n Speck
2 Äpfel, in Scheiben
2 Zwiebel(n), gewürfelt
Pfeffer, Salz

So wird´s gemacht:

Leberscheiben salzen und pfeffern. Den Speck in eine Auflaufform geben und die Leber auf den Speck legen. Zwiebeln schälen und in Scheiben schneiden. Die Zwiebel auf die Leberscheiben legen und mit Folie abdecken.

Schieben Sie die Leberscheiben bei 200 ° für 20 Min. in den Backofen.

In der Zwischenzeit die Äpfel in Scheiben schneiden. Nehmen Sie die Leber nach 20 Min. aus dem Ofen und verteilen Sie die Apfelscheiben auf der Leber und decken Sie alles mit Folie ab.

Schieben Sie anschließend alles noch einmal für 20 weitere Min. in den Backofen.

Geschmortes Herzragout nach Großmutters Art

Arbeitszeit: 25 Min.
Schwierigkeitsgrad: einfach
Kalorien: 238 kcal

Zutaten:

1 kg Schweineherzen
⅔ Liter Fleischbrühe
200 gr. Gewürzgurken
66 ml Gewürzgurkenflüssigkeit
1 Stück Zwiebel
7 gr. Mehl, 1 EL Öl
4 Wacholderbeeren
Salz, schwarzer Pfeffer
evtl. heller Saucenbinder

So wird´s gemacht:

Geben Sie die Schweineherzen in ein Sieb und spülen Sie sie gründlich mit Wasser ab. Das restlichen Blut tupfen Sie anschließend mit einem Geschirrtuch oder Küchenrolle ab. Schneiden Sie die Herzen in grobe Würfel.

Pellen Sie die Zwiebel und schneiden Sie sie ebenfalls in Würfel. Anschließend schneiden Sie Gurken in kleine Scheiben.

Würzen Sie die Herzen mit Salz und Pfeffer und erhitzen Sie ein wenig Öl in einem Topf.

Braten Sie jetzt die Herzen von allen Seiten scharf an. Verringern Sie die Temperatur und geben Sie die Zwiebel und Gurkenscheiben dazu. Lassen Sie die Zwiebeln ein paar Min. mit schmoren und geben Sie dann die Wacholderbeeren in den Topf. Löschen Sie alles mit dem Sud der Gewürzgurken und Brühe ab und lassen Sie alles auf mittlerer Stufe für 50 Min. garen. Nach Wunsch können Sie die Sauce mit etwas Soßenbinder andicken.

Snack Bällchen mit Käse und Speck

Arbeitszeit: 80 Min.

Schwierigkeitsgrad: einfach

Kalorien: 303 kcal

Zutaten:

2 EL Öl

170 gr Speckwürfel

1 Schalotte

120 gr Frischkäse

120 gr Gorgonzola

100 gr Snackbrezeln

2 EL Schnittlauch

So wird´s gemacht:

Geben Sie Öl in eine Pfanne und braten Sie die Speckwürfel darin bei mittlere Hitze kross an. Schneiden Sie die Schalotten in Würfel und geben Sie sie hinzu. Braten Sie alles weitere 2 Min. an. Geben Sie Gorgonzola und den Frischkäse in eine Schüssel und geben Sie die Speckwürfel und Schalotten hinzu. Mischen Sie jetzt alles gut durch und formen Sie aus der Masse mehrere kleine Kugeln, die Sie mit angefeuchteten Händen glatt rollen.

Legen Sie die Kugeln auf einen großen Teller und decken Sie sie mit einem Deckel ab. Stellen Sie die Hackbällchen für mindestens eine Stunde in den Kühlschrank.

Zerstoßen Sie die Snackbrezeln mit einem Mörser und mischen Sie sie mit feingehackten Schnittlauch.

Rollen Sie die Bällchen einmal durch die Brezeln – Schnittlauch Mischung, dann können Sie sie servieren.

Rote-Linsen-Curry

Arbeitszeit: 20 Min.

Schwierigkeitsgrad: einfach

Kalorien: 126 kcal

Zutaten:

600 gr Wirsingkohl

2 mittelgroße Kohlrabi

400 gr Möhren

40 gr Ingwer

2 kl. rote Zwiebeln

200 gr rote Linsen

1200 ml Gemüsebrühe

800 ml ungesüßte Kokosmilch

2 EL gelbe Currypaste, 6 EL Butterschmalz

gemahlene Kreuzkümmel, Salz

So wird's gemacht:

Wirsing waschen und den Strunk entfernen. Schneiden Sie den Kohl in 2 cm breite Streifen. Schälen Sie den Kohlrabi und schneiden Sie in Stifte. Anschließend schälen Sie die Möhren und schneiden Sie in längliche Streifen.

Den Ingwer schälen und in feine Würfel schneiden. Pellen Sie die Zwiebel und schneiden Sie sie in kleine Würfel.

Geben Sie 6 EL Butterschmalz in einen Topf und erhitzen sie es. Geben Sie das geschnittene Gemüse hinein und dünsten Sie es. Gießen Sie das Gemüse Kokosmilch und Gemüsebrühe auf. Lassen Sie alles aufkochen. Lassen Sie alles 8 bis 10 Min. kochen.

Drehen Sie nach 10 Min. die Temperatur herunter und geben Sie die Linsen hinein. Lassen Sie alles weitere 5 bis 8 Min. köcheln, solange bis die Linsen und das Gemüse bissfest sind. Schmecken Sie alles mit Curry, Salz Kreuzkümmel ab.

Kürbis - Lauch – Curry

Arbeitszeit: 20 Min.
Schwierigkeitsgrad: einfach
Kalorien: 375 kcal pro Portion

Zutaten:

750 gr Kürbis
1 Stange Lauch
2 Knoblauchzehen
1 kleine rote Chilischote
1 Ingwer
2 TL Tomatenmark
150 ml Instant Brühe
100 gr rote Linsen
gehackte Petersilie
1 Becher Creme Fraiché
8 Kräuter
1 Prise Zucker

So wird´s gemacht:

Schneiden Sie den Kürbis in 1, 5 cm große Würfel. Waschen Sie den Lauch unter fließendem Wasser ab und schneiden Sie ihn in Ringe. Schneiden Sie die Chilischote und den Ingwer klein. Entfernen Sie das Kerngehäuse aus der Chili, das nimmt ein wenig die Schärfe. Die Knoblauchzehen schälen und ebenfalls kleinschneiden. Erhitzen Sie etwas Öl in der Pfanne und geben Sie den Knoblauch hinein. Wenn der Knoblauch glasig ist geben Sie den Kürbis hinzu. Rühren Sie ein wenig Tomatenmark mit unter und löschen Sie alles mit ein wenig Brühe ab. Würzen Sie alles mit Pfeffer, Salz und Curry und lassen Sie den Kürbis nun fünf Min. auf mittlere Stufe ein wenig dünsten.

Mischen Sie anschließend die Chilischote, Ingwer und den Lauch unter und geben Sie die Linsen dazu. Rühren Sie alles gut um und lassen Sie es 10 Min. weiter garen.

Verrühren Sie Creme Fraiché mit gepressten Knoblauch, 8 Kräutern und Gewürzen und rühren Sie es unter das Curry. Mit Petersilie garniert auf einem Teller anrichten.

Avocado-Tomaten-Nudeln

Arbeitszeit: 20 Min.
Schwierigkeitsgrad: einfach
Kalorien: 732 pro Portion

Zutaten:

400 gr Spaghetti
Salz, Pfeffer
2 Knoblauchzehen
800 gr Kirschtomaten
2 reife Avocado
20 Blätter Basilikum
10 Esslöffel Olivenöl
2 TL Chiliflocken
2 TL Zucker

So wird´s gemacht:

Wasser salzen und zum Kochen bringen. Knoblauchzehen schälen. Geben Sie dann die Spaghetti zusammen mit dem Knoblauch ins Salzwasser und bereiten Sie sie nach Packungsanweisung zu.

Die Tomaten vierteln. Die Avocados halbieren und die Kerne entfernen. Heben Sie anschließend das Fruchtfleisch aus der Schale. Schneiden Sie die Avocados anschließend in Würfel und geben Sie die Früchte zusammen mit den Tomaten in eine große Schüssel. Zupfen Sie 20 Blätter Basilikum ab und fügen sie die Blätter hinzu. Gießen Sie drei Esslöffel Olivenöl, einen Spritzer Zitronensaft und ein paar Chiliflocken über den Salat. Alles mit Salz, Pfeffer und Zucker abschmecken. Gießen Sie die Nudeln über ein Sieb ab und schrecken Sie die Nudeln ab. Zerdrücken Sie eine Knoblauchzehe mit einer Gabel und geben Sie die Knoblauchzehe in die Tomaten Avocado Mischung. Gut umrühren. Mischen Sie die Nudeln unter und beträufeln Sie alles mit 2 Esslöffeln Olivenöl.

Avocado-Rührei

Arbeitszeit: 30 Min.

Schwierigkeitsgrad: leicht

Kalorien: 478 kcal

Zutaten:

1 Bund Schnittlauch

4 kleine Tomaten

2 kleine Avocados

2 Scheiben Roggenbrot

2 EL Öl, 1 EL Butter

Salz, 8 Eier

4 EL itl, geriebener Hartkäse

So wird´s gemacht:

Schneiden Sie einen halben Bund Schnittlauch in feine Röllchen. Entfernen Sie nun von den Tomaten den Stielansatz und schneiden Sie sie in Würfel. Schälen Sie die Avocado und entfernen Sie den Stein, anschließend schneiden Sie die Avocado in Scheiben.

Erhitzen Sie eine Pfanne und rösten Sie 2 Scheiben Roggenbrot darin. Nach 30 Sekunden sollten Sie das Brot wenden. Nehmen Sie es anschließend aus der Pfanne und stellen Sie es beiseite.

Geben Sie eine Esslöffel Öl und ½ Esslöffel Butter in die Pfanne und erhitzen Sie das Fett auf mittlerer Temperatur. Schlagen Sie vier Eier in einer Schüssel auf und rühren Sie mit einem Schneebesen so lange, bis sie schaumig sind. Geben Sie eine Prise Salz ins Eigelb und gießen Sie in die Pfanne. Rühren Sie das Ei 2 bis 3 Min. lang in der Pfanne gut um, damit es zu stocken beginnt. Bestreuen Sie das Ei anschließend mit 2 Esslöffel geriebenen Hartkäse. Wenn der Käse geschmolzen ist, mischen Sie die Tomatenwürfel unter. Richten Sie das Rührei nun auf Brot zusammen mit den Avocado Scheiben an und bestreuen Sie es mit Pfeffer und Schnittlauchröllchen.

Sandwiches mit Avocado und Kaffee

Arbeitszeit: 25 Min.
Schwierigkeitsgrad: leicht
Kalorien: 144 kcal pro Stück

Zutaten:

1 TL Kaffeepulver
1 reife Avocado
1 EL Zitronensaft
Salz
20 gr Bio Salatgurken
0, 5 Beet Gartenkresse
4 Scheiben Sandwich oder Vollkorntoast

So wird´s gemacht:

Geben Sie Kaffeepulver in eine Schüssel und bringen Sie 100 ml Wasser zum Kochen. Gießen Sie das Wasser anschließend über das Kaffeepulver und lassen Sie den Kaffee 5 Min. ziehen. Anschließend lassen Sie den Kaffee übe einem sehr feinem Sieb abtropfen.

Halbieren Sie die Avocado der Länge nach und entfernen Sie die Kerne und das Fruchtfleisch mit einer Gabel. Zerdrücken Sie das Fruchtfleisch mit einer Gabel und vermengen Sie es mit dem abgetropften Kaffeepulver und Zitronensaft. Rühren Sie alles gut um und schmecken Sie es mit ein wenig Salz ab.

Schneiden Sie die Gurken in dünne Scheiben. Entfernen Sie die Rind des Toastbrotes und halbieren Sie die Toastbrote mit einem scharfen Messer der Länge nach. Bestreichen Sie eine Hälfte der Toastscheiben dick mit Avocado und belegen Sie es mit einigen Gurkenscheiben und Kresse. Bedecken Sie es nun mit der anderen Toastbrotscheibe und drücken Sie es leicht an.

Geräucherte Kartoffeln mit Avocado-Dip

Arbeitszeit: 55 Min.

Schwierigkeitsgrad: leicht

Kalorien: 328 kcal pro Portion

Zutaten:

700 gr festkochende Kartoffeln

Salz

2 Lorbeerblätter

100 gr Räuchermehl

1 rote Zwiebel

5 Stiele Dill

2 Limetten

2 reife Avocados

Zucker

Chiliflocke

4 EL Olivenöl

grobes Meersalz

So wird´s gemacht:

Die Kartoffeln waschen und in einen Topf mit Salzwasser legen. Achten Sie darauf, dass die Kartoffeln komplett von Wasser bedeckt sind. Lassen Sie die Kartoffeln bei mittlerer Hitze für 15 bis 20 Min. kochen, bis sie weich sind. Gießen Sie die Kartoffeln anschließend übe ein Sieb ab und lassen Sie sie ausdampfen.

Nehmen Sie einen weiteren Top und legen Sie den Boden des Topfes mit Alufolie aus. Verteilen Sie anschließend das Räuchermehl auf der Alufolie. Legen Sie jetzt ein Gitter über das Mehl. Erhitzen Sie den Topf sehr stark, bis da Mehl anfängt zu qualmen. Verteilen Sie jetzt die Kartoffeln auf das Gitter und lassen sie sie zugedeckt bei mittlerer Hitze für 30 Min. räuchern.

Pellen Sie die Zwiebel und schneiden Sie sie in kleine Würfel. Hacken Sie die Dillspitzen klein und pressen Sie die Limetten aus. Fangen Sie dabei den Limettensaft mit einer Schüssel auf. Halbieren Sie die Avocados und entfernen Sie den Kern. Lösen Sie das Fruchtfleisch mit einem Löffel aus der Schale. Nehmen Sie eine weitere Schüssel zur Hand und gießen Sie 2 Esslöffel Limettensaft hinein. Würzen Sie den Saft mit Salz, Chiliflocken und 1 Prise Zucker.

Drücken Sie alles mit Hilfe einer Gabel klein und mischen Sie Dill und Zwiebeln unter. Schmecken Sie alles mit Limettensaft und Salz ab. Jetzt können Sie die Kartoffeln zusammen mit dem Avocado Dip servieren.

Reibeplätzchen westfälische Art

Arbeitszeit: 30 Min.

Schwierigkeitsgrad: einfach

Kalorien: 57 kcal

Zutaten:

10 große Kartoffeln

3 Zwiebeln

4 Eier

5 TL Haferflocken

Öl zum Ausbacken

Salz

Rübenkraut oder Apfelmus

So wird´s gemacht:

Zwiebeln schälen und in Würfel schneiden. Kartoffeln schälen und mit Hilfe einer Reibe klein reiben. Zwiebeln, Eier und Haferflocken in die Kartoffelmasse geben und gut umrühren.

Mit Salz würzen. Öl in einer Pfanne erhitzen, darauf achten, dass das Öl richtig heiß ist und den Teig portionsweise ins heiße Fett geben und goldbraun ausbacken. Zwischendurch wenden.

Milchreis

Arbeitszeit: 10 Min.
Schwierigkeitsgrad: leicht
Kalorien: 419 kcal pro Portion

Zutaten:
1 Liter Milch
250 gr Milchreis
4 EL Zucker
1 EL Butter
1 Vanilleschote oder 1 Pck. Vanillezucker

So wird´s gemacht:

Erhitzen Sie Butter in einem Topf und lassen Sie anschließend den Rundkornreis kurz in der Butter anschwitzen. Geben Sie jetzt die Mich (achten Sie darauf, dass die Milch Zimmertemperatur hat und nicht direkt aus dem Kühlschrank kommt) und 4 EL Zucker hinein. Anschließend geben Sie ein Päckchen Vanillezucker oder das Mark einer Vanilleschote hinzu. Rühren Sie alles vorsichtig um und lassen Sie es kurz aufkochen. Achten Sie darauf, dass der Milchreis nicht am Topfboden ansetzt. Stellen Sie den Topf auf eine andere Herdplatte und lassen Sie den Milchreis auf kleinster Stufe zugedeckt genau 30 Min. langziehen. Nach einer halben Stunde kann der Milchreis warm oder kalt gegessen werden. Je nach Geschmack können Sie den Milchreis auch mit Zimt bestreuen, oder Äpfel oder Birnen hinzufügen.

Rührei mit Speck

Arbeitszeit: 10 Min.
Schwierigkeitsgrad: leicht
Kalorien: 173 kcal pro 100 gr

Zutaten:

8 Eier
100 gr gewürfelter Speck
2 Schuss Milch
Butter
Salz
Pfeffer
Schnittlauch
Muskat
Currypulver

So wird´s gemacht:

Butter in einer Pfanne auslassen und den Speck darin kurz anbraten. Einer in eine Schüssel schlagen und mit Schnittlauch, Gewürzen und einem Schuss Milch verquirlen.

Geben Sie das Ei nun in die Pfanne und bringen Sie es auf mittlerer Stufe zum Stocken bringen.

Spaghetti Bolognese

Arbeitszeit: 30 Min.

Schwierigkeitsgrad: leicht

Kalorien: 171 kcal pro 100 gr

Zutaten:

670 gr Rinderhackfleisch
167 gr Speck
670 gr getrocknete Tomaten
1 große Zwiebel
2 Knoblauchzehen
1 Handvoll Rosmarin
etwas Olivenöl
1, 5 Gläser Rotwein
2 kl. Dosen gehackte Tomaten
Meersalz, Pfeffer
3 große Möhren
1 Hand voll Basilikum
Worcestersauce
1 Lorbeerblatt
2 gestrichene Teelöffel Oregano
Tomatenmark
1 Pck. Spaghetti

So wird´s gemacht:

Schälen Sie den Knoblauch und pressen Sie ihn durch eine Knoblauchpresse. Die Möhren waschen, schälen und ebenfalls kleinschneiden. Die Zwiebel schälen und in Würfel schneiden.
Erhitzen Sie etwas Öl in einer Pfanne und braten Sie den Speck zusammen mit dem Rosmarin kross an. Geben Sie Zwiebel und Knoblauch hinzu und lassen Sie alle unter rühren 3 Min. lang schmoren. Geben Sie danach das Hackfleisch in die Pfanne und braten Sie es krümelig an. Gießen Sie den Wein hinzu und lassen Sie die Flüssigkeit reduzieren. Geben Sie Tomaten, Oregano und ein wenig Tomatenmark in den Topf und schmecken und geben Sie Lorbeerblätter, Rosmarin und Pfeffer hinzu. Lassen Sie alles noch einmal kurz aufkochen.

Stellen Sie die Bolognese Sauce auf kleinster Stufe und lassen Sie alles mit geschlossenem Deckel 1, 5 bis 2 Stunden vor sich hin köcheln.

Bereiten Sie in der Zwischenzeit die Spaghetti nach Packungsanleitung zu.

Fenchelspaghetti

Arbeitszeit: 40 Min.
Schwierigkeitsgrad: leicht
Kalorien: 568 kcal pro Portion

Zutaten:
500 gr Spaghetti
50 gr getrocknete Tomaten
20 gr Pinienkerne
90 gr Pharmaschinken
4 EL Olivenöl kalt gepresst
Salz, Pfeffer

So wird´s gemacht:

Waschen Sie die Fenchelknollen unter fließendem Wasser und trocknen Sie sie gut ab. Entfernen Sie den Stängel mit einem großen Messer und schneiden Sie anschließend ungefähr einen Esslöffel des Fenchel klein. Stellen Sie den Fenchel beiseite. Fall nötig entfernen Sie die äußeren Rippen. Vierteln Sie die Fenchelknollen der Länge nach und schneiden Sie den Strunk heraus. Schneiden Sie den Fenchel dann quer in dünnen Streifen. Schneiden Sie die getrockneten Tomaten der Länge nach in dünne Streifen

Geben Sie die Pinienkerne in eine Pfanne ohne Fett und rösten Sie sie, bis die Pinienkerne goldbraun sind. Schneiden Sie den Speck in feine Scheiben und anschließend in gut 3 Zentimeter breite Stücke. Geben Sie die Speckwürfel ohne Fett in die Pfanne und braten Sie den Speck darin kross an. Nehmen Sie den Speck aus der Pfanne und geben Sie etwas Öl hinein. Sobald das Öl heiß ist, geben Fenchel in die Pfanne. Den Fenchel gut 8 Min. auf mittlerer Hitze anbraten, dabei mehrfach wenden.

Schmecken Sie den Fenchel mit Salz und Pfeffer ab und geben Sie die getrockneten Tomatenstreifen hinzu und braten Sie sie kurz mit.

Die Spaghetti in ein Sieb abgießen und gut abtropfen lassen. 5 EL Nudelwasser sollten Sie dabei in einer Schüssel auffangen. Geben Sie Spaghetti, Pinienkerne und Schinken zu Fenchel in die Pfanne und gießen Sie das Nudelwasser hinzu. Noch einmal kurz umrühren und fertig.

Kartoffel Käse-Creme Suppe

Arbeitszeit: 65 Min.
Schwierigkeitsgrad: leicht
Kalorien: 380 kcal

Zutaten:
750 gr Kartoffeln
1 Stange Porree
1 Knollensellerie
2 große Möhren
20 gr Butterschmalz
1 EL Mehl, Salz, Pfeffer
500 ml Gemüsebrühe
150 gr Kräuterschmelzkäse
etwas gemahlener Koriander

So wird's gemacht:
Schälen Sie die Kartoffeln und würfeln Sie sie. Reinigen Sie die Kartoffeln anschließend mit etwas Wasser. Geben Sie die Kartoffeln in eine Schüssel mit Wasser und stellen Sei die Kartoffeln beiseite.
Schälen Sie die Möhren und schneiden Sie sie in Ringe. Erhitzen Sie etwas Butterschmalz in einem Topf dünsten Sie das Gemüse darin an. Bestäuben Sie das Gemüse mit etwas Mehl. Rühren Sie das Gemüse anschließend gut um und löschen Sie es mit Gemüsebrühe ab.
Geben Sie jetzt die Kartoffeln hinzu und lassen Sei alles 25 bis 30 Min. kochen. Nehme Sie den Topf anschließend vom Herd und geben Sie etwas Kräuterschmelzkäse hinein. Pürieren Sie die Suppe mit einem Mixstab und schmecken Sie sie mit Salz, Pfeffer und einer Prise Koriander ab. Mit Petersilie die Suppe auf einem Teller anrichten und servieren. Eventuell geben Sie noch ein paar kleine Kartoffelstückchen hinzu.

Strammer Max

Arbeitszeit: 15 Min.
Schwierigkeitsgrad: leicht
Kalorien: 297 kcal

Zutaten:
50 gr Butter
4 Scheiben Roggenmischbrot
4 Eier
4 Scheiben Kochschinken

So wird´s gemacht:

Lassen Sie zwei Esslöffel Butter in einer Pfanne aus und braten Sie 4 Spiegeleier darin. Mit der restlichen Butter das Roggenmischbrot bestreichen und die Brote anschließend mit je einer Scheibe Kochschinken und einem Spiegelei belegen. Bei Bedarf können Sie die das Brot auch noch mit frischen Kräutern und Salz und Pfeffer bestreuen.

Wirsing Hackfleischeintopf

Arbeitszeit: 50 Min.

Schwierigkeitsgrad: leicht

Kalorien: 67 kcal pr. P 100 gr

Zutaten:

1 frischen Wirsingkohl

500 gr Rinderhackfleisch

500 gr Kartoffeln

4 EL Rapsöl

2 rote Zwiebeln

1 TL Paprikapulver (edelsüß)

4 L Gemüsebrühe

1 Bund Kräuter

300 gr saure Sahne

Chili aus der Mühle

So wird's gemacht:

Den Wirsingkohl halbieren und den Strunk entfernen. Anschließend schneiden Sie den Wirsingkohl in dünne Streifen. Schälen Sie die Kartoffeln und schneiden Sie sie in grobe Würfel.

Erhitzen Sie etwas Öl in einer Pfanne und braten Sie das Hackfleisch gemeinsam mit den Zwiebeln darin an. Würzen Sie das Hackfleisch mit Paprikapulver und geben Sie den Wirsing hinzu. Lassen Sie den Wirsing kurz mit braten und gießen etwas Brühe hinzu. Geben Sie dann die Kartoffeln hinein und lassen Sie alles 20 Min. lang köcheln. Hacken Sie in der Zwischenzeit Kräuter klein und mischen Sie sie kurz vor Ende der Garzeit unter den Eintopf. Rühren Sie anschließend 100 ml Sahne unter.

Geben Sie den Wirsing auf einen Teller und geben Sie einen Klecks sauer Sahne obenauf. Garnieren Sie alles noch mit ein paar Chiliflocken und dann können Sie es servieren.

Lasagne aus der Pfanne

Arbeitszeit: 30 Min.

Schwierigkeit: leicht

Kalorien: 156 kcal pro 100 gr

Zutaten:

3 EL Olivenöl

500 gr Hackfleisch

Pfeffer, Salz

2 Knoblauchzehen

1 große Zwiebel

1 Paket Suppengrün

500 ml passierte Tomaten

150 ml Wasser

8 Lasagneblätter

250 gr Ricotta

150 gr geriebener Mozzarella

Basilikum

So wird's gemacht:

Erhitzen Sie etwas Olivenöl in der Pfanne und braten Sie das Hackfleisch darin scharf an. Mit Salz und Pfeffer würzen. Zwiebeln, Knoblauch und Suppengrün pellen und kleinschneiden. Geben Sie es zum Hackfleisch dazu.

Kippen Sie die passierten Tomaten in die Pfanne, falls nötig, können Sie mit etwas Wasser verlängern. Legen Sie die Lasagneblätter in die Soße und verteilen Sie eine Schicht Ricotta oben auf. Verteilen Sie über den Ricotta eine Schicht geriebenen Mozzarella. Wiederholen Sie den Vorgang einige mal und schließen Sie mit Mozzarella ab. Geben Sie die Lasagne bei 180° für 25 Min. in den Backofen.

Knoblauchsuppe

Arbeitszeit: 20 Min.

Schwierigkeit: leicht

Kalorien:349 kcal

Zutaten:

10 Knoblauchzehen

1 Zwiebel

1 TL Öl

1 TL Mehl

125 ml trockenen Weißwein

500 ml Brühe

200 ml Sahne

1 EL Schnittlauch

Pfeffer, Salz und Chili

So wird's gemacht:

Den Knoblauch pellen und den grünen Kern falls vorhanden entfernen. Schneiden Sie den Knoblauch in kleine Würfel anschließend pellen Sie die Zwiebel und schneiden Sie ebenfalls in Würfel. Erhitzen Sie etwas Öl in einem Topf und geben Sie die Zwiebeln zusammen mit dem Knoblauch hinein. Lassen Sie Zwiebel und kurz andünsten und geben Sie anschließend etwas Mehl in den Topf und rühren Sie alles kurz um. Löschen Sie alles mit ein wenig Weißwein und einem halben Liter Brühe ab. Lassen Sie die Suppe 20 Min. auf kleiner Stufe köcheln. Schneiden Sie den Schnittlauch in der Zwischenzeit in kleine Röllchen und geben Sie ihn kurz vor dem Servieren in die Suppe. Schmecken Sie Suppe zum Schluss mit Salz, Pfeffer und Chilipulver ab.

Zwetschgenknödel

Arbeitszeit:60 Min.

Schwierigkeitsgrad: leicht

Kalorien:198 kcal

Zutaten:

500 gr gegarte Kartoffeln

1 Ei

100 gr Mehl

10 gr Butter

Salz

16 Zwetschgen

150 gr Marzipan

Butter, Brösel

So wird's gemacht:

Kartoffeln schälen, waschen und in Salzwasser 30 Min. kochen lassen. Die Kartoffeln abgießen und noch heiß passieren. Mehl, Salz, Eier und Butter durch die Kartoffeln kneten und die Kartoffeln anschließen auskühlen lassen. Anschließend formen Sie den Kartoffelteig zu einer Rolle.

Die Zwetschgen aufschneiden, entkernen und mit einem Stück Marzipan füllen. Schneiden Sie aus der Kartoffelteigrolle 16 Stück und formen Sie um jede Zwetschge eine Teigmantel.

Legen Sie die Knödel in einen Topf mit leicht gesalzenes Wasser und bringen Sie diesen zum Kochen. Lassen Sie die Knödel ungefähr 1 Min. lang kochen. Sobald die Knödel an der Wasseroberfläche schwimmen, sind sie fertig,

Lassen Sie etwas Fett in einer Pfanne aus und rösten Sie die Brösel kurz goldbraun an. Geben Sie die Knödel anschießend auf einen Teller und geben Sie die Brösel drüber und fertig,

Karotten – Kartoffelpüree mit gebratener Blutwurst

Arbeitszeit: 30 Min.

Schwierigkeit: leicht

Kalorien: 457 kcal

Zutaten:

12 Kartoffeln

6 Karotten

2 EL Butter

gekörnte Brühe

Maggi

Rahm

600 gr Blutwurst

2 Zwiebeln

40 gr Butter

So wird's gemacht:

Kartoffeln und Karotten schälen und in Würfel schneiden. Wasser mit Brühe zum Kochen bringen und die Kartoffeln und Karotten hineingeben. Nach ungefähr 20 Min. gießen Sie die Kartoffeln und Karotten über ein Sieb ab und geben 1 Esslöffel Butter auf Kartoffel und Karotten.

Geben Sie Rahm in den Topf und geben Sie die Kartoffeln und Karotten hinzu. Pürieren Sie das Kartoffel Karottengemisch zu einem Brei und schmecken Sie es mit Maggi ab.

Zwei Zwiebel pellen und in Würfel schneiden. Entfernen Sie die Haut der Blutwurst und lassen Sie etwas Butter in einem Topf aus. Geben Sie Zwiebeln und die Wurst in den Topf und zerdrücken Sie die Blutwurst mit einem Kartoffelstampfer oder einer Gabel. Lassen Sie die Blutwurst nun fünf Min. braten.

Hähnchensalat

Arbeitszeit: 35 Min.
Schwierigkeit: leicht
Kalorien: 925 kcal

Zutaten:

800 gr Hähnchenbrust
2 Orangen
2 Fenchelknollen mit Grün
4 frische Feigen
1 Bund Kräuter
2 EL Rapsöl
4 El Olivenöl
Salz und Pfeffer
Chili aus der Mühle

So wird's gemacht:

Schälen Sie die Orangen und trennen Sie die Orangen vorsichtig heraus. Fangen Sie dabei den Saft mit einer Schüssel auf und drücken Sie den restlichen Saft aus den Orange aus. Waschen Sie den Fenchel unter fließendem Wasser ab und zupfen Sie das Fenchelgrün ab und legen Sie beiseite. Hobeln Sie den Fenchel in kleine Streifen.

Waschen Sie die Feigen unter fließendem Wasser ab und schneiden Sie sie in dünne Spalten, hacken sie anschießend die Kräuter klein. Geben Sie die Feigen mit dem Fenchel zusammen in einen Schüssel und vermengen Sie sie mit Orangensaft und den Orangenscheiben.

Waschen Sie die Hähnchenbrüste unter fließendem Wasser ab und tupfen Sie sie trocken. Mit Salz und Pfeffer würzen. Geben Sie einen Esslöffel Rapsöl in die Pfanne und erhitzen Sie es. Braten Sie das

Fleisch von beiden Seiten kross an. Reduzieren Sie die Hitze lassen Sie das Brustfilet 10 Min. lang langsam schmoren, dabei gelegentlich wenden.

Mischen Sie Olivenöl, Kräuter unter den Fenchelsalat und würzen Sie ihn mit Salz und Pfeffer. Bestreuen Sie die Hähnchenbrüste mit Chili und schneiden Sie sie auf. Verteilen Sie den Hähnchensalat auf den Teller und Fenchelgrün garniert servieren.

Spinat Lasagne

Arbeitszeit: 25 Min.
Schwierigkeitsgrad: leicht
Kalorien: 93 kcal für 100 gr

Zutaten:

500 gr tiefgefrorenen Spinat ohne Blubb
1 Zwiebel
1 Knoblauchzehe
400 ml Milch
200 ml Gemüsebrühe
4 Tomaten
2 EL Mehl
4 TL Pflanzenmargarine
1 TL Pflanzenöl
15 Lasagneplatten
3 EL fettreduzierter Käse
Salz, Pfeffer, Muskat

So wird's gemacht:

Zwiebeln und Knoblauch schälen und würfeln. Tomate in Würfel schneiden. Geben Das Gemüse anschließend in einer Pfanne mit Öl dünsten. Geben Sie den Spinat dazu und würzen Sie alles mit Salz, Pfeffer und Muskat. Geben Sie etwas Margarine in einen Topf und bringen Sie sie zum Schmelzen. Rühren Sie dann Mehl ein und geben Sie Milch und Gemüsebrühe hinzu. Lassen Sie alles kurz aufkochen und schmecken Sie es mit Salz, Pfeffer und Muskat ab. Geben Sie die Soße in eine Auflaufform und legen Sie eine Schicht Lasagneplatten obenauf. Wiederholen Sie den Schichtvorgang. Zum Schluss bestreuen Sie alles mit Käse und schieben die Lasagne bei 200° Umluft für 30 Min. in den Backofen. Nach der Hälfte der Zeit sollten Sie die Lasagne mit Alufolie abdecken.

Koteletts mit Kartoffelsalat

Arbeitszeit: 50 Min.
Schwierigkeitsgrad: leicht
Kalorien: 500 kcal

Zutaten:

4 Koteletts
2 Eier
Semmelbrösel
Mehl
Pfeffer
Pflanzenfett
500 gr festkochende Kartoffeln
2 Gläser Gurken
1 Zwiebel
Salatmayonnaise

So wird's gemacht:

Koteletts waschen, trocken tupfen und mit Salz und Pfeffer würzen. Ein Ei schlagen und salzen und pfeffern. Die Koteletts erst in Mehl wenden, dann einmal durch das Ei ziehen und dann in Semmelbrösel wenden. Anschließend panieren und in einer beschichteten Pfanne mit reichlich Öl 15 bis 20 Min. goldbraun braten.

Kartoffeln waschen, und in Salzwasser 20 Min. kochen lassen. Sobald die Kartoffeln gar sind, gießen Sie die Kartoffeln über ein Sieb ab. Lassen Sie die Kartoffeln ein wenig abkühlen und pellen Sie die Kartoffel anschießend ab. Schneiden Sie die Kartoffeln in Würfel. Pellen Sie eine Zwiebel und schneiden Sie sie ebenfalls in Würfel. Schneiden Sie die Gurken in kleine Scheiben oder Würfel. Geben Sie die Kartoffeln, Gurken und Zwiebel in eine große Schüssel und rühren Sie ein Glas Mayonnaise ein. Schmecken Sie anschließend alles mit Salz und Pfeffer ab.

Buntes Pilzgemüse

Arbeitszeit: 30 Min.

Schwierigkeitsgrad: leicht

Kalorien: 96 kcal pro 100 gr

Zutaten:

800gr braune Champignons

4 Karotten

2 Stangen Porree

2 Zwiebeln

4 Knoblauchzehen

4 EL Olivenöl

2 TL scharfes Paprikapulver

2 TL gemahlener Kurkuma

400 ml Gemüsebrühe

2 Bund Petersilie

So wird's gemacht:

Knoblauch, Zwiebeln und Karotten schälen. Champignons putzen. Anschließend Lauch, Porree, Karotten und Knoblauch in Scheiben schneiden.

Die Zwiebeln in halbe Ringe schneiden. Etwas Öl in einer Pfanne oder einem Wok erhitzen und die Karotten darin 3 Min. anbraten. Geben Sie anschießend Lauch, Zwiebeln und Knoblauch hinzu und braten Sie alles 3 weitere Min. an. Geben Sie die Pilze, Petersilie, Paprikapulver und Kurkuma hinzu. Gießen Sie alles Gemüsebrühe auf und lassen Sie es auf leichter Stufe köcheln, bis die Pilze gar sind. Schmecken Sie alles mit Salz und Pfeffer ab.

Linsensuppe

Arbeitszeit:65 Min.

Schwierigkeitsgrad: einfach

Kalorien: 304 kcal

Zutaten:

250 gr Berglinsen

1 gr Zwiebel

1 Paket Suppengrün

120 g gewürfelter Speck

2 EL Rapsöl

500 gr Kartoffeln

6 Wiener Würstchen

2 EL Weißweinessig

½ TL Kreuzkümmel

2 EL Gemüsebrühepulver

1 Prise Thymian

2 Lorbeerblätter

1 Strauß Petersilie

Salz und Pfeffer

So wird's gemacht:

Das Suppengrün waschen und in kleine Stücke schneiden. Die Zwiebel schälen und in feine Würfel schneiden. Die Linsen in einem Sieb waschen.

Geben Sie einen Esslöffel Öl in einen Topf und braten Sie den Speck darin an. Geben Sie anschießend das geschnittene Gemüse dazu und dünsten Sie es an.

Geben Sie die Linsen und 2 Liter Wasser in den Topf und geben Sie die Kräuter als Strauß gebunden hinein. Lassen Sie alles kurz aufkochen und stellen Sie dann die Temperatur herunter um alles auf geringer Stufe für 45 Min. weiter köcheln zu lassen. Schälen Sie die Kartoffeln und schneiden Sie sie in Würfel. Geben Sie die Kartoffeln in den Topf und lassen Sie die Suppe weitere 20 Min. köcheln

Schmecken Sie die Linsensuppe mit Essig, Kreuzkümmel, Gemüsebrühe, Salz und Pfeffer ab. Schneiden Sie die Würstchen klein und geben Sie sie der Suppe hinzu.

Bruschetta

Arbeitszeit: 25 Min.

Schwierigkeitsgrad: leicht

Kalorien: 15 kcal pro 100 gr

Zutaten:

1 ½ Ciabatta Brote

3 große Tomaten

2 Knoblauchzehen

½ Bund Basilikum

etwas Olivenöl

Salz

Pfeffer

1 EL Balsamico Essig

So wird's gemacht:

Schneiden Sie das Ciabatta Brot in Scheiben. Waschen Sie die Tomaten und fließendem Wasser ab und entfernen Sie den Strunk. Schneiden Sie die Tomaten in kleine Würfel. Schälen Sie die Knoblauchzehe und hacken Sie sie klein. Waschen Sie das Basilikum ab und hacken Sie es in grobe Stücke.

Heizen Sie den Backofen auf 200 °C vor und geben Sie die vorbereiten Zutaten in eine große Schüssel. Vermengen Sie alle Zutaten miteinander. Geben Sie etwas Balsamico und Olivenöl hinzu und lassen Sie den Essig und das Öl ein wenig durchziehen. Anschließend mit Salz und Pfeffer abschmecken. Verteilen Sie die Bruschetta Masse auf die Ciabatta Scheiben und schieben Sie das Brot für 15 Min. in den Backofen.

Pizzabaguette

Arbeitszeit: 15 Min.

Schwierigkeitsgrad: einfach

Kalorien:339 kcal

Zutaten:

2 Giabatta Brote

200 gr Salami

200 gr gekochter Schinken

200 gr geriebener Käse

1 rote Paprika

200 gr Sahne

Pizzagewürz

So wird's gemacht:

Heizen Sie den Backofen auf 160°C Umluft vor. Schneiden Sie in der Zwischenzeit Salami, Schinken und Paprika klein und legen Sie alles in eine Schüssel. Bestreuen Sie alle mit gerieben Käse und Pizzagewürz. Schlagen sie die Sahne in einer separaten Schüssel und heben Sie die Sahne anschießend unter das Salami, Paprika Schinkengemisch. Nehme Giabatta Brote aus dem Ofen und schneiden Sie sie der Länge nach auf. Verteilen Sie die Pizzamischung auf die Brote und schieben Sie alles für 12 Min. in den Backofen.

Indische Naan Pizza

Arbeitszeit: 20 Min.

Schwierigkeitsgrad: einfach

Kalorien:375 kcal

Zutaten:

4 Naan Brote je 150 gr

4 EL Chipotle Soße

4 EL HP Soße

4 große Tomaten

200 gr Salami

160 gr geriebener Käse

So wird's gemacht:

Legen Sie die Naan Brote nebeneinander auf ein Backblech. Bestreichen Sie jede Brot mit je einem EL Chipotle und HP Soße. Schneiden Sie die Tomaten in Scheiben und verteilen Sie sie auf die Brote, legen Sie anschießend die Tomatenscheiben obenauf. Bestreuen Sie das Brot mit geriebenen Käse und schieben Sie alles bei 180° für 12 bis 16 Min. in den Backofen.

Pflaumenmus

Arbeitszeit: 30 Min.
Schwierigkeitsgrad: einfach
Kalorien:399 kcal pro 100 gr

Zutaten:
2 Kilo entsteinte Pflaumen
200 gr Zucker
1 TL Zimt

So wird's gemacht:

Waschen Sie die Pflaumen und halbieren Sie sie entfernen falls nötig die Steine. Geben Sie die Pflaumen in einen Topf und geben Sie 100 gr Zucker hinzu. Rühren Sie die Pflaumen einmal um. Lassen Sie die Pflaumen mit geschlossenem Deckel mindestens 6 Stunden. (Nicht zwischendurch umrühren).

Schalten Sie den Herd nach 6 Stunden auf höchste Stufe und warten Sie bis es kocht. (Nicht umrühren). Stellen Sie den Herd auf kleinste Stufe und lassen Sie alles 2 Stunden lang vor sich hin köcheln.

Gehen Sie nach 2 Stunden in die Küche und stellen Sie den Herd auf mittlerer Stufe. Jetzt rühren Sie das Pflaumenmus ca. 5 Min. lang und schmecken es mit Zimt ab.

Spargel

Arbeitszeit: 30 Min.

Schwierigkeitsgrad: einfach

Kalorien: 468 kcal

Zutaten:

2 Gläser Schwarzwurzeln

40 gr Butter

2 EL Mehl

1 Prise Muskat

267 ml Fleischbrühe

267 ml Gemüsebrühe

2 Eigelb

etwas Zucker

So wird's gemacht:

Gießen Sie die Schwarzwurzeln ab und fangen Sie das Wasser dabei auf. Erhitzen Sie etwas Butter in einem Topf und rühren Sie einen Esslöffel Mehl hinein. Geben Sie anschließend 2 EL Gemüsewasser in den Topf. Geben Sie die Schwarzwurzeln hinein und lassen Sie alles kurz aufkochen. Schmecken Sie alles mit Muskat und etwas Zucker ab.

Schlagen Sie ein Eigelb in eine Schüssel und geben Sie zwei bis drei Esslöffel Gemüsebrühe hinzu. Rühren Sie anschließend alles in die Schwarzwurzeln ein.

Gemüselasagne

Arbeitszeit: 60 Min.
Schwierigkeitsgrad: einfach
Kalorien: 73 kcal

Zutaten:

2 Zwiebeln
2 Knoblauchzehen
30 gr Butter
1 Lorbeerblatt
2 EL Mehl
750 ml fettarme Milch
Pfeffer, Salz, Muskat
500 gr frischen Spinat
1 frischen Kohlrabi
9 Lasagneblätter
40 gr geriebenen Käse
1 Stück gelbe Paprika

So wird's gemacht:

Zwiebeln und Knoblauch pellen und in Würfel schneiden. Geben Sie etwas Butter in einen Topf und dünsten Sie den Knoblauch zusammen mit dem Lorbeerblatt darin an. Rühren Sie ein wenig Mehl unter lassen Sie es mit andünsten. Geben Sie 750 ml Milch in den Topf und rühren Sie alles mit einem Schneebesen um. Lassen Sie alles bei mittlere Hitze für 15 Min. köcheln. Entfernen Sie anschließend das Lorbeerblatt und schmecken Sie alles mit Salz, Pfeffer und Muskat ab.

Verlesen Sie den Spinat und blanchieren Sie ihn in kochendem Salzwasser. Spülen Sie ihn kalt ab und lassen Sie ihn abtropfen.

Schälen Sie den Kohlrabi und schneiden Sie ihn in dünne Scheiben. Waschen Sie die Paprika ab und schneiden Sie sie in Würfel.

Fetten Sie eine Auflaufform mit Butter ein und schichten Sie anschießend Kohlrabi, Paprika und Spinat. Geben Sie Bechamelsoße in die Auflaufform und schließen Sie mit einer Nudelschicht ab. Decken Sie alles mit Lasagneblättern ab und schieben Sie die Lasagne bei 200° für 35 Min. in den Backofen. Verteilen Sie nach 25 Min. Käse über der Lasagne.

Hackbällchen in Tomatensoße mit Reis

Arbeitszeit: 90 Min.
Schwierigkeitsgrad: einfach
Kalorien: 189 kcal

Zutaten:

500 gr Rinderhackfleisch
4 EL Ajvar
2 EL Rapsöl
500 gr passierte Tomaten
2 rote Zwiebeln
150 gr Fetakäse
250 gr Reis
Pfeffer, Salz, Basilikum

So wird's gemacht:

Geben Sie das Hackfleisch in eine Schüssel und verkneten Sie es zusammen mit 2 El Ajvar. Geben Sie Salz und Pfeffer dazu und formen Sie aus der Hackfleischmasse kleine Bällchen.

Erhitzen Sie Rapsöl in einer Pfanne und braten Sie die Hackfleischbällchen darin 8 bis 10 Min. lang an. Zwischendurch wenden.

Schälen Sie die Zwiebel und schneiden Sie sie in feine Streifen. Dünsten Sie die Zwiebel zusammen mit den Hackbällchen in etwas Fett an. Geben Sie passierte Tomaten und 2 EL Ajvar hinzu und lassen Sie alles 10 Min. lang köcheln.

Heizen Sie den Backofen vor und schmecken Sie die Tomatensauce mit Salz und Pfeffer ab. Geben Sie die Fleischbällchen in die Tomatensauce und erhitzen Sie sie. Anschließend geben Sie die Tomatensoße zusammen mit den Hackbällchen in eine Auflaufform und bestreuen alles mit Fetakäse. Schieben Sie den Auflauf in den Backofen und warten Sie bis der Käse zerlaufen ist.

In der Zwischenzeit bereiten Sie den Reis nach Packungsanleitung zu. Nehmen Sie den Auflauf aus dem Ofen und richten Sie ihn zusammen mit dem Reis und garnierten Basilikum auf einen Teller an.

Auflauf mit Tomaten und Thunfisch

Arbeitszeit: 90 Min.
Schwierigkeit: leicht
Kalorien: 21 kcal pro 100 gr

Zutaten:

1 Kilo Tomaten
300 gr frische Zucchini
3 Dosen Thunfisch in Öl
1 Kilo Kartoffeln
3 Eier Größe M
200 ml Sahne
300 gr geriebener Käse
Muskat, Salz und Pfeffer

So wird's gemacht:

Die Kartoffeln waschen, in Salzwasser kochen und abpellen. Lassen Sie die Kartoffeln ein wenig abkühlen und fetten Sie eine Auflaufform ein.

Lassen Sie den Thunfisch in einem Sieb abtropfen. Waschen Sie die Tomaten ab und schneiden Sie sie in Scheiben. Schlagen Sie drei Eier in eine Schüssel und schlagen Sie sie. Gießen Sie zu den Eier ein wenig Sahne hinzu. Würzen Sie die Eier mit Salz, Pfeffer und Muskat. Heben Sie anschießend den geriebenen Käse unter.

Schneiden Sie die Kartoffeln in Scheiben und geben Sie sie in eine Auflaufform. Bestreuen Sie die Kartoffeln mit Salz und Pfeffer. Legen Sie übe die Kartoffeln die Zucchinischeiben. Verteilen Sie auf den Zucchinischeiben den abgetropften Thunfisch. Gießen Sie nun die Eier Sahne Käse Mischung über den Thunfisch und legen Sie Tomatenscheiben obenauf.

Bestreuen Sie alles mit Käse und schieben Sie den Auflauf bei 180 ° für 50 Min. in den Backofen.

Nudelsalat

Arbeitszeit: 30 Min.

Schwierigkeitsgrad: einfach

Kalorien: 362 kcal

Zutaten:

200 gr Gabelspaghetti

1 Glas Eiermayonnaise

½ Dose Erbsen

250 gr Geflügelfleischwurst

Gewürzgurken

So wird's gemacht:

Nudeln nach Packungsanleitung zubereiten und mit kalten Wasser abschrecken. Fleischwurst und Gurken in Würfel oder Scheiben schneiden, (ganz wie Sie es möchten) und zusammen mit den Nudeln, Erbsen und den Gewürzgurken in eine Schüssel geben. Geben Sie das Glas Mayonnaise ebenfalls in die Schüssel und rühren Sie alles kräftig um. Eventuell mit etwas Salz und Pfeffer würzen.

Crepés mit Zucchinifüllung

Arbeitszeit: 40 Min.
Schwierigkeitsgrad: leicht
Kalorien: 309 kcal

Zutaten:

10 EL Mehl

6 Eier

Salz, Milch

2 kleine Zwiebeln

2 kleine Zucchini

400 gr Schmand

120gr Feta oder Hirtenkäse

Salz, Pfeffer. Knoblauch und ein wenig Chilipulver

Parmesan

Mandelblättchen

Rapsöl

So wird's gemacht:

Eier, Mehl, Mich und Salz zu einem glatten Teig verrühren und ca. 20 Min. ruhen lassen. Erhitzen Sie Öl in einer Pfanne und geben Sie dann Pfannkuchenteig hinein, sobald das Öl richtig heiß ist. Braten Sie den Pfannkuchenteig von jeder Seite 5 bis 6 Min. lang, bis sie goldbraun sind, zwischendurch wenden. Nehmen Sie eine weitere Pfanne und geben Sie etwa Fett hinein. Geben Sie dort die Mandelblättchen hinein und salzen Sie sie. Rösten Sie sie goldbraun an.

Zwiebeln und Knoblauch schälen und in Würfel schneiden. Anschließend in etwas Öl anschwitzen. Zucchini in dünne Scheiben schneiden und zu den Zwiebel und Knoblauch hinzugeben. Alles salzen und pfeffern. Geben Sie etwas Schmand und Chili dazu und rühren Sie alles gut um. Geben Sie dann noch etwas Hirtenkäse hinzu. Heizen Sie den Backofen auf 200° vor.

Legen Sie die Crêpes auf der Arbeitsfläche aus und geben Sie eine Klecks Füllung obendrauf. Wickeln Sie die Crêpes zu Rollen und schieben Sie sie für 13 bis 15 Min. in den Backofen, bei 200 °

Desserts

Türkischer Pudding mit Schokokern

Arbeitszeit: 75 Min.
Schwierigkeitsgrad: leicht
Kalorien: 124 kcal bei 100 gr.

Zutaten:

2/3 Liter Milch
2 EL gesiebtes Mehl
1 EL Margarine
250 gr Zucker
1 Päckchen Vanillezucker

Für den Schokokern:

2 EL gesiebtes Mehl
3 EL Zucker
1 EL ungesüßter Kakao
150 ml Milch

So wird's gemacht:

Geben Sie Milch, Mehl und Zucker in einen Topf und rühren Sie alles gut um. Lassen Sie alles kurz aufkochen und geben Sie dann einen Esslöffel Margarine und ein Päckchen Vanillezucker hinzu. Rühren Sie alles gut um. Nehmen Sie den Topf vom Herd und rühren Sie alles mit einem Handmixer 6 bis 8 Min. lang weiter.

Geben Sie die Zutaten für den Schokokern in einen separaten Topf und rühren Sie alles gut um. Lassen Sie alles kurz aufkochen.

Füllen Sie den Pudding in Dessertschälchen und platzieren Sie den Schokoladensoße in der Mitte. Lagern Sie bitte den Pudding im Kühlschrank.

Amarena - Kirsch – Dessert

Arbeitszeit: 20 Min.
Schwierigkeitsgrad: leicht
Kalorien: 82 kcal

Zutaten:

1 Glas Amarena Kirschen
400 gr Quark
1 TL Vanillezucker
1, 5 EL Kirschsaft aus dem Glas der Amarena Kirschen
1 Becher Sahne
Zucker,
Minze
Mandelkekse
gehobelte Mandeln

So wird's gemacht:

Schlagen Sie die Sahne steif und geben Sie den Quark zusammen mit Vanillezucker und Kirschsud in eine große Schüssel. Streichen Sie alles glatt und heben Sie die Sahne unter. Geben Sie ebenfalls die Kirschen bis auf einen kleinen Teil für Deko in den Quark und heben Sie sie ebenfalls unter.

Füllen Sie den Quark in Puddingschüsseln und garnieren Sie ihn mit Amarenakirschen und gehobelten Mandeln.

Erdbeerjoghurt Quark

Arbeitszeit: 40 Min.
Schwierigkeitsgrad: leicht
Kalorien: 91 kcal

Zutaten:

667 gr Magerstufenquark
467 gr milder Joghurt 3, 5 % Fett
400 gr frische Erdbeeren
1 ½ Päckchen Vanillezucker
1 ½ EL Puderzucker
3 EL Zucker

So wird's gemacht:

Waschen Sie die Erdbeeren unter fließendem Wasser und halbieren Sie sie mit einem scharfen Messer. Geben Sie die Erdbeeren in eine Schüssel mit 2 Esslöffeln Zucker und lassen Sie sie ½ Stunde lang im eigenem Saft ziehen.

Geben Sie anschießend 2/3 der Erdbeeren in einen Standmixer (Sie können auch einen Stabmixer nehmen) und pürieren Sie die Erdbeeren.

Verrühren Sie Quark, Joghurt und Vanillezucker zu einer cremigen Masse und mischen Sie die pürierten Erdbeeren unter. Schmecken Sie den Quark mit Puderzucker ab.

Füllen Sie den Rest der Erdbeeren in vier Gläser und bedecken Sie die Erdbeeren mit Joghurt Quark Gemisch. Füllen Sie obendrauf Erdbeerquark und garnieren Sie alles mit einer Erdbeere. Mit Erdbeersaft übergießen und genießen.

Mango – Quark Törtchen

Arbeitszeit: 20 Min.

Schwierigkeitsgrad: einfach

Kalorien: 111 kcal

Zutaten:

1 Glas Kirschen

1 Päckchen Kochpuddingpulver (Vanillegeschmack)

334 gr Quark

50 gr Zucker

2 Bananen

2 EL Zitronensaft

So wird's gemacht:

Lassen Sie die Kirschen über ein Sieb abtropfen und fangen Sie den Saft auf. Vermischen Sie 4 EL Saft und Vanillepuddingpulver miteinander und streichen Sie alles glatt. Nehmen Sie einen Topf und geben Sie den restlichen Saft hinein. Lassen Sie den Kirschsaft kurz aufkochen. Geben Sie das angerührte Vanillepuddingpulver hinzu und lassen Sie alles 1 Min. lang köcheln. Gießen Sie die Kirschen hinein und lassen Sie den Kompott auskühlen.

Verrühren Sie Quark und Zucker miteinander. Schälen Sie 2 Bananen beträufeln Sie das Obst mit Zitronensaft. Heben Sie die Bananen unter die Creme. Verteilen Sie die Creme und die Kirschen in Gläser und verzieren Sie sie mit Krokant und Schokostreuseln.

Schlafender Apfel

Arbeitszeit: 12 Min.
Schwierigkeitsgrad: leicht
Kalorien: 357 kcal

Zutaten:

8 EL Mehl
2 Eier Größe M oder L
2 große Äpfel
3 EL Zucker
1 TL Zimt
Milch
Öl
Puderzucker

So wird's gemacht:

Entkernen Sie den Apfel und schneiden Sie ihn in 0, 5 Zentimeter dicke Ringe.

Mischen Sie Mehl, Eier Zucker, Zimt und Milch und machen Sie daraus einen Pfannkuchenteig. Tunken Sie Apfelringe in den Teig und braten Sie die Äpfel mit heißem Öl in der Pfanne knusprig an. Legen Sie die Apfelringe anschießend auf ein Stück Küchenrolle, um sie abfetten zu lassen. Anschließend geben Sie die Apfelringe auf einen Teller und können Sie servieren. Evtl. noch mit ein paar Spritzern Likör verzieren.

Pfirsich Dessert

Arbeitszeit: 30 Min.

Schwierigkeitsgrad: leicht

Kalorien: 85 kcal

Zutaten:

2 Kilo frische Pfirsiche

½ Zentiliter Sekt

½ Zentiliter Wasser

160 gr brauner Rohrzucker

2 Zentiliter Schlagsahne

Fruchtmischung Kanditen

So wird's gemacht: Wasser zum Kochen bringen und den Rohrzucker darin auflösen. Anschließend den Topf mit Wasser bei Seite stellen und erkalten lassen. Ziehen Sie den Pfirsichen mit einem Messer die Haut ab und schneiden Sie sie in gleich große Scheiben. Legen Sie die Pfirsiche unter den Zucker legen und ziehen lassen. Teilen Sie alles in 4 Portionsschälchen auf und stellen Sie es 2 Stunden in die Tiefkühltruhe. Schlagen Sie in der Zwischenzeit die Sahne mit einem Mixer. Nach 2 Stunden können Sie das Pfirsich Dessert aus der Truhe holen und mit geschlagener Sahne und Kanditen garniert servieren.

Wackelpudding mit Rettungsinsel

Arbeitszeit: 15 Min.
Schwierigkeitsgrad: leicht
Kalorien: 150 kcal

Zutaten:
1 ½ Päckchen Götterspeise
375 ml Wasser
1 Glas Cocktailkirschen
12 Stück weiße Knusperschokolade
Bunte Zuckerstreusel

So wird's gemacht:
Bereiten Sie die Zitronengötterspeise nach Packungsanleitung zu. Geben Sie in jede Puddingschale 3 Cocktailkirschen und ein paar Schokoladenstückchen.

Geben Sie die heiße Götterspeise vorsichtig Puddingschalen und lassen Sie sie erkalten. Stellen Sie die Schalen für 2 Stunden in den Kühlschrank.

Holen Sie die Schalen nach 2 Stunden heraus und übergießen Sie den Wackelpudding mit dem Saft der Cocktailkirschen. Geben Sie noch ein Häufchen Sahen auf jede Schale und streuen Sie Zuckerstreusel obenauf.

Topfen Creme mit Früchten

Arbeitszeit: 15 Min.
Schwierigkeitsgrad: einfach
Kalorien: 151 kcal

Zutaten:

200 gr Topfen
100 ml Naturjoghurt
¼ Zitrone
40 gr Puderzucker
1 ½ Päckchen Vanillezucker
1 Becher Schlagsahne
100 gr Bananen

So wird's gemacht:

Vermengen Sie Topfen mit Joghurt, Zitronensaft, Zucker und Vanillezucker. Rühren Sie alles gut um und streichen Sie es anschließend glatt. Schneiden Sie die Bananen mit einem Messer klein und mischen Sie die Früchte unter die Creme. Füllen Sie alles in Dessertschalen und verzieren Sie es mit Früchten.

American Brownies

Arbeitszeit: 60 Min.
Schwierigkeitsgrad: leicht
Kalorien: 549 kcal

Zutaten:

200 gr Zucker
160 gr Schokolade
160 gr Butter
120 gr Mehl
140 gr gehackte Walnüsse
3 Eier
2 Päckchen Vanillezucker
Salz

So wird's gemacht:

Schlagen Sie Eier, Zucker und den Vanillezucker mit einem Mixer schaumig und stellen Sie es beiseite. Lassen Sie die Schokolade zusammen mit der Butter bei geringer Hitze langsam schmelzen. Lassen sie die Schokoladen Buttermischung abkühlen.

Rühren Sie die kalte Schokoladen Buttermischung jetzt langsam mit einem Schneebesen in die Eier Zucker Mischung.

Heizen Sie den Backofen auf 175° vor.

Geben Sie die gehackten Walnüsse zusammen mit Mehl und einer Prise Salz und den Teig. Füllen Sie den Teig in eine Auflaufform und schieben Sie ihn für 20 Min. in den Backofen.

Macadamia Quark mit Krokant

Arbeitszeit: 10 Min.

Schwierigkeitsgrad: einfach

Kalorien: 73 kcal

Zutaten:

1000 gr Magerquark

etwas Milch

2 Fläschchen Macadamia Sirup

½ Fläschchen Vanillesirup

Zucker

Haselnusskrokant

So wird's gemacht:

Geben Sie den Quark in eine Schüssel und gießen Sie etwas Milch hinzu. Rühren Sie alles gut um, bis der Quark eine cremige Konsistenz annimmt. Rühren Sie nun den Vanille und dem Macadamia Sirup ein. Schmecken Sie alles mit Zucker ab. Geben Sie den Quark in Puddingschalen und garnieren Sie ihn vor dem Servieren mit Haselnusskrokant.

Früchte Coup Eisbecher

Arbeitszeit: 5 Min.
Schwierigkeitsgrad: einfach
Kalorien:66 kcal

Zutaten:

1 große Dose Ananas
1 große Dose Pfirsiche
Erdbeereis,
Vanilleeis
Sahne
Schokostreusel

So wird's gemacht:

Lassen Sie das Obst gut in einer Schüssel abtropfen und schichten Sie es anschießend in einem Glas Früchte und geben Sie Eis obenauf. Mit Früchten abschließen. Geben Sie zum Schluss Sahne auf die Eiskugel und garnieren Sie alles mit Schokostreuseln.

Walnusskrokant

Arbeitszeit: 5 Min.

Schwierigkeitsgrad: mittel

Kalorien: 525 kcal

Zutaten:

12 EL gehackte Walnüsse

12 EL brauner Zucker

4 EL Amaretto

So wird's gemacht:

Geben Sie die Walnüsse in eine Pfanne ohne Fett und rösten Sie sie goldbraun an. Streuen Sie ein wenig Zucker übe die Walnüsse und lassen Sie ihn leicht schmelzen. Achten Sie darauf, dass der Zucker nicht zu dunkel wird. Löschen Sie alles mit einem Schuss Amaretto ab und rühren Sie anschließend alles kräftig um, damit sich keine Klümpchen bilden. Lassen Sie das Wallnusskrokant auskühlen, rühren Sie es dabei aber immer wieder um, damit sich kleine Krokant Kügelchen bilden.

Strauben mit Vanillesoße

Arbeitszeit: 30 Min.
Schwierigkeitsgrad: mittel
Kalorien: 525 kcal

Zutaten:

250 ml Wasser oder Milch
70 gr Butter
150 gr Mehl
4 Eier
Salz

So wird's gemacht:

Lassen Sie Butter in einem Topf aus und geben Sie 250 ml Milch hinein. Bringen Sie die Milch zum Kochen und sieben das Mehl einmal durch. Geben Sie das durchgesiebte Mehl anschließend in den Topf. Rühren Sie alles so lange kräftig durch, bis sich am Topfboden eine Schicht gebildet hat und sich der Teig vom Topf ablöst.

Lassen Sie den Teig abkühlen und schlagen Sie 4 Eier in den Teig. Den Teig jetzt kräftig umrühren. Füllen Sie den Teig in einen Spritzbeutel mit Sterntülle spritzen Sie ihn in Ringform auf ein Backpapier ausgelegtes Backblech.

Heizen Sie die Fritteuse auf 170 ° vor und geben Sie die Ringe vorsichtig in das heiße Öl. Wenden Sie die Ringe ein paar mal. Wenn die Ringe goldbraun sind, können Sie sie aus der Fritteuse nehmen und auf einen Teller legen. Bestreuen Sie die warmen Strauben mit Puderzucker. Geben Sie Vanillesoße in ein extra Schälchen und dann können Sie servieren.

Solero Dessert

Arbeitszeit: 30 Min.
Schwierigkeitsgrad: einfach
Kalorien: 400 kcal

Zutaten:

670 gr Pfirsiche
333 gr Joghurt mit Vanillegeschmack
267 ml Sahne
2 Tassen Maracujasaft
2 Päckchen Dessertsoße mit Vanillegeschmack ohne kochen

So wird's gemacht:

Pfirsiche in Würfel schneiden und auf einen großen Teller geben. Den Vanillejoghurt gleichmäßig über die Pfirsiche verteilen. Gießen Sie Sahne zusammen mit Vanillezucker und Sahnesteif in eine Schüssel und schlagen Sie sie mit dem Handmixer. Verteilen Sie die Sahne nun gleichmäßig über den Joghurt.

Rühren Sie das Vanillepulver zusammen mit dem Maracujasaft an verteilen Sie ihn gleichmäßig über die Sahne. Lassen Sie alles nun 12 Stunden im Kühlschrank ziehen.

Nachwort und Empfehlungen

Wir hoffen ihnen gefallen unsere Rezepte bisher!
Falls sie mit diesem Buch genauso viel Spaß haben wie wir, würden wir uns sehr über eine positive Bewertung im Amazon Shop freuen.

Falls sie Interesse daran haben, noch etwas Neues auszuprobieren, empfehlen wir ihnen unser Buch über „Tapas"! 80 Rezepte von unseren Spitzenköchen von Fleisch über Gemüse bis hin zu Desserts und Cocktails, alles in einem Buch!

Link: https://www.amazon.de/dp/1082720593

Und falls Sie mal Probleme mit ihrem Magen oder Darm haben sollten, helfen wir auch gerne mit vielen leckeren Schonkost Rezepten!
In einem Buch gesammelt!

Link: https://www.amazon.de/dp/1073723070

Rechtliches

Haftung für externe Links

Das Buch enthält Links zu externen Webseiten Dritter, auf deren Inhalt der Autor keinen Einfluss hat. Deshalb kann für die Inhalte externer Inhalte keine Gewähr übernommen werden. Für die Inhalte der verlinkten Webseiten ist der jeweilige Anbieter oder Betreiber der Webseite verantwortlich. Die verlinkten Seiten wurden zum Zeitpunkt der Verlinkung auf mögliche Rechtsverstöße überprüft. Rechtswidrige Inhalte waren zum Zeitpunkt der Verlinkung nicht erkennbar. Eine permanente inhaltliche Kontrolle der verlinkten Webseiten ist jedoch ohne konkrete Anhaltspunkte einer Rechtsverletzung nicht zumutbar. Bei Bekanntwerden von Rechtsverletzungen werden derartige Links umgehend entfernt.

Haftungsauschluss

Dieses Buch enthält ein breites Spektrum verschiedener Ansichten zu Themen wie Gesundheit und Wohlbefinden, darunter einige Ideen, Verfahren und Prozeduren, welche sich unter Umständen als gefährlich oder illegal entpuppen könnten, wenn sie ohne angemessene medizinische Aufsicht angewendet werden. Diese Ansichten reflektieren die Recherchen und die Ideen des Autors oder derjenigen, deren Ideen der Autor beschreibt, doch ersetzen sie nicht die Dienste eines ausgebildeten medizinischen Fachmannes. Sprechen Sie mit Ihrem Arzt, bevor Sie eine Diät beginnen, Drogen konsumieren oder einen Trainingsplan ausarbeiten. Der Autor und der Verlag übernehmen keine Verantwortung für negative Folgen, direkt oder indirekt resultierend aus dem Inhalt dieses Buches.

Der Nachdruck oder die Reproduktion, auch auszugsweise, sind verboten. Kein Teil dieses Werkes darf ohne schriftliche Genehmigung in irgendeiner Form reproduziert, vervielfältigt oder verbreitet werden. Das Werk einschließlich aller Inhalte, wie Informationen, Strategien und Tipps sind urheberrechtlich geschützt Alle Übersetzungsrechte vorbehalten. Die Inhalte in mehreren aufeinander folgenden Seiten, dürfen keinesfalls veröffentlicht werden. Das Veröffentlichen einzelner Seiten über Social Media und ähnlichen Kanälen ist hingegen gestattet. Bei Missachtung werden rechtliche Schritte eingeleitet Haftungsausschluss: Alle Ratschläge wurden sorgfältig geprüft dennoch kann keine Garantie übernommen werden. Die Empfehlungen in diesem Buch garantieren keinen Erfolg, da die reinen theoretischen Informationen ohne jegliche Umsetzung nicht ausreichen. Die Erfahrungen sind von Anwender zu Anwender unterschiedlich. Eine Haftung ist daher ausgeschlossen. Alle Rechte vorbehalten.

ISBN: 2. Auflage 2019, Taschenbuchausgabe Juni 2019, Verlag: Independently published; Druck von Amazon oder eine Tochtergesellschaft, Impressum: Kenneth Büxe, Ringstr. 10, 34590 Wabern Covergestaltung: germancreative Design-Fotos: Depositphotos.com Copyright © 2019 Die Küchenakademie

Alle Rechte vorbehalten

Printed in Poland
by Amazon Fulfillment
Poland Sp. z o.o., Wrocław